COLETTE

MARIE-CLAUDE SIMON

Collection dirigée par
ISABELLE JAN

HACHETTE
58, rue Jean-Bleuzen
92170 Vanves

Crédits photographiques : pp. 6, 12, 13 (enbas) et 34, Harlingue-Viollet ; pp. 13 (en haut), 18, 37, 40, 41, 44, 54 et 58, Bibliothèque nationale ; pp. 23, 30 et 31, collection Viollet ; pp. 49 et 69, Roger-Viollet ; p. 63, Keystone ; pp. 67 et 75, Lipnitzki-Viollet.

Couverture : Agata Miziewicz ; illustration : portrait par Émilie Charmy, Jean-Loup Charmet.

Conception graphique : Agata Miziewicz.

Composition et maquette : Joseph Dorly éditions.

Iconographie : Christine de Bissy.

ISBN : 2-01-020320-8

© HACHETTE LIVRE 1993, 79, boulevard Saint-Germain, F 75006 Paris.

Sommaire

REPÈRES 5

Chapitre 1 : La fille de Sido 7
La maison aux deux jardins 7
Sido 9
La famille du capitaine Colette 11
L'école de Saint-Sauveur 15

Chapitre 2 : Un mariage très parisien 19
Willy 19
La vie de bohème 21
Naissance d'un écrivain 26
Un couple scandaleux 28
Colette s'en va 32

Chapitre 3 : Une difficile liberté 35
Le divorce 35
L'amour de Missy 37
Le music-hall 39
Colette refuse un beau mariage 42

Chapitre 4 : La baronne de Jouvenel 45
Une passion 45
Épouse et mère 47
La guerre de 1914-1918 48
L'amour s'en va... 51
Un si jeune amant 55

Chapitre 5 : Madame Colette 59

Maurice ou l'amour tranquille 59

Un écrivain célèbre 61

Les plaisirs de la vie 65

Une vieillesse douce 73

MOTS ET EXPRESSIONS 78

NOTE : les mots accompagnés d'un * dans le texte sont expliqués dans « Mots et expressions », en page 78.

Repères

Colette était un être très fort. C'était une robuste paysanne.
Et elle était dure, très dure, mais très tendre aussi.

Jean Cocteau

Toute sa vie, Colette a écrit en disant qu'elle n'aimait pas écrire. Elle préférait la vie aux livres. Et dans ses livres, on retrouve son amour pour les choses de la vie. Elle parle de la beauté des fleurs, du goût de la nourriture, des couleurs des saisons et du retour des fêtes. Elle observe les passions [1] des hommes et admire les animaux… Elle raconte aussi son histoire. Elle fait revivre son enfance en Bourgogne dans *la Maison de Claudine*. Sa vie avec l'écrivain Willy ressemble à celle de *Claudine à Paris* et de *Claudine en ménage*. *La Vagabonde*, c'est son passage au music-hall. *L'Entrave*, c'est sa rencontre et son mariage avec Henry de Jouvenel. Dans *la Seconde*, ce sont les malheurs de la jalousie. Et quand elle se souvient de sa mère, elle écrit *Sido*.

Pourtant, il ne faut pas chercher un récit exact de sa vie dans ces livres. Ce sont de vrais romans, avec beaucoup d'invention. Par exemple, en 1903, elle écrit *Claudine s'en va*, où Claudine quitte son mari, mais c'est seulement trois ans plus tard que la vraie Colette quittera Willy ! Et elle écrira *Chéri*, une histoire d'amour entre un jeune homme et une femme plus âgée, avant d'aimer le très jeune Bertrand de Jouvenel.

Colette a commencé à écrire pour gagner de l'argent. Ce travail est devenu un art et l'écrivain est devenue célèbre : la première femme académicienne* ! Mais sa longue vie a été celle d'une femme pour qui les sensations et les émotions de chaque jour avaient plus de prix que la littérature.

---

1. Passion : sentiment violent.

Colette dans son jardin de Saint-Sauveur-en-Puisaye, à l'âge de quinze ans.

CHAPITRE 1

LA FILLE DE SIDO

LA MAISON AUX DEUX JARDINS

Dans les années 1880, dans une toute petite ville de Bourgogne nommée Saint-Sauveur-en-Puisaye, dans une maison confortable, grandissait une petite fille nommée Gabrielle Sidonie Colette. Sa mère l'appelait Minet-Chéri. Pour les autres, elle était Gabri.

Les photographies nous montrent une jolie fillette bien habillée, aux cheveux de plus en plus longs. Quand elle a quinze ans, ses nattes descendent jusqu'aux genoux ! Elle a un visage pointu comme celui d'un chat, des yeux clairs et réfléchis, une bouche au sourire facile.

Elle habite une grande maison qui a l'air triste quand on la voit de la rue. Mais à l'intérieur, c'est un endroit extraordinaire. Minet-Chéri dort dans une toute petite chambre bleue et blanche, près de la chambre de sa mère. Il y a un grenier[1] et une cour fermée pleine d'animaux où vont et viennent les serviteurs[2]. Il y a surtout deux jardins. Le Jardin-du-Haut est mal soigné. Les enfants jouent sous les arbres, au milieu de l'herbe et des fleurs. Dans le Jardin-du-Bas, un petit jardin que le soleil chauffe, sa mère fait pousser des fruits et des légumes. On y trouve des cerises*, des tomates et même des abricots*.

Les animaux vivent là en liberté, pour le plaisir de tous. Un chat mange des fraises*, une chatte dort sur la cage des oiseaux, les chiens de chasse* se promè-

---

1. Grenier : partie de la maison qui se trouve sous le toit.
2. Serviteurs : personnes payées pour faire le travail de la maison. On dit aussi domestiques.

nent comme ils veulent... Une année, deux hirondelles* restent tout l'hiver dans la maison. Elles s'installent dans la boîte à couture, on les nourrit de mouches mortes, Minet-Chéri les met dans sa poche et les emmène à l'école. Une araignée* vient boire dans un bol de chocolat...

La maison est vivante, ses habitants sont des gens tranquilles mais très occupés. Sido, la mère, est toujours là. C'est une petite femme ronde, active et joyeuse. Elle fait des gâteaux, soigne les papillons, joue aux dominos [1] avec son mari, bavarde avec les domestiques, coiffe pendant des heures les longs cheveux de ses deux filles. Toute la maison tourne autour d'elle, ainsi que son mari et ses quatre enfants. Elle reçoit l'amour des siens et leur en donne à tous, tout en les laissant libres d'aller et de venir.

Jules Colette travaille peu. Il lit son journal et s'enferme dans son bureau pour écrire. Il est un peu jaloux de ses enfants, car il aimerait passer plus de temps avec sa femme, c'est tout. Rien de grave.

Les enfants sont calmes. Juliette est déjà une jeune fille, elle a treize ans de plus que Gabrielle. Elle est comme étrangère à ce qui se passe autour d'elle. Elle lit des romans toute la journée et vit dans un rêve... Achille aime les sciences, il construit de drôles d'appareils et se sauve quand on sonne à la porte... Léo joue du piano et s'intéresse aux montres. Gabrielle est la plus jeune. Elle invite souvent ses copines d'école à jouer dans le jardin. Mais elle aime surtout suivre ses frères dans les bois. Leurs promenades sont longues dans cette campagne pauvre mais très verte, creusée de vallées étroites, d'étangs* et de nombreuses rivières. Les trois enfants cherchent des plantes sauvages et des papillons. Ils observent la course des animaux et le vol

---

1. Dominos : jeu ancien, très calme.

des oiseaux. Ils boivent l'eau des sources* et rentrent tard, bien après l'heure du goûter.

Leur mère tourne dans la maison : «Où sont les enfants?» Quand ils reviennent enfin, ils lui racontent leurs découvertes, pendant qu'elle leur donne en souriant de grosses tranches de pain avec du beurre et de la confiture. Gabrielle est heureuse et bien protégée dans ce petit monde fermé. Toute sa vie, elle gardera en elle la chaleur de la tendresse de sa mère et le bonheur de ces années-là.

Sido

Sidonie, la mère, a une forte personnalité. Elle est intelligente, elle lit beaucoup et elle dirige sa vie comme elle veut, sans s'occuper de ce que disent les gens autour d'elle. Dans la petite ville de province où elle habite, ses manières font scandale [1].

Elle garde à la maison les servantes qui attendent un enfant sans être mariées ! Elle ne s'intéresse pas à la religion. Elle va à l'église, mais elle y amène son chien ! Elle se moque gentiment de la petite Gabrielle qui se plaît à la messe, aime les chants et toutes les fêtes religieuses. Elle refuse de fêter Noël et ses enfants reçoivent leurs cadeaux le jour de l'an. Elle apprend à sa fille que Dieu n'a pas besoin de l'Église et de la religion pour bénir tout ce qui vit.

Car Sido aime la vie par-dessus tout. Elle admire la nature, la beauté, la jeunesse et la bonne santé. Elle fuit les malades et les vieux, et sa fille sera comme elle. Colette, devenue une vieille femme, dira : «Je ne m'intéresse pas à la mort, même pas à la mienne.» Et elle refusera d'aller à l'enterrement [2] de tous ses amis. Elle n'ira même pas à celui de sa mère bien-aimée !

---

1. Scandale : les gens protestent contre des actions qui vont contre les habitudes, ou la morale.
2. Enterrement : quand les morts sont mis en terre.

Sido a tout appris à sa fille. Quand elle était toute petite, elle la réveillait parfois à trois heures et demie du matin. Dans la nuit, elles descendaient vers la rivière pour ramasser des fraises et voir le soleil se lever. «Regarde, Minet-Chéri, regarde la couleur du ciel. Bois l'eau de la source, ma fille, sens comme elle a le goût des fleurs...»

Gabrielle voit sa mère qui, dans le jardin, «relève les roses* par le menton pour les regarder en plein visage». Un jour, Sido donne une rose à un très beau bébé. Il porte la fleur à sa bouche, la mange, et Sido trouve cela très bien. Mais elle refuse de couper ses fleurs pour les donner à l'église ou pour les offrir aux morts !

Sido était sans doute heureuse d'être une femme. Les femmes donnent la vie, elles ont du bon sens et s'occupent avec amour des petites choses de la vie de chaque jour. Mais elle a une assez mauvaise opinion des hommes et surtout du mariage ! Une femme ne peut pas vivre sans homme, mais les hommes ne sont pas très importants. Ils s'occupent de choses sans intérêt, la politique par exemple. Ils sont toujours dehors, à courir partout... C'est normal, ce n'est pas de leur faute... Ils sont utiles pour faire des enfants, mais ce sont les femmes qui font les choses vraiment sérieuses.

Et les choses vraiment sérieuses, c'est la santé et le bonheur de ceux que Sido aime.

Gabrielle se marie à vingt ans et quitte Saint-Sauveur-en-Puisaye. Elle n'y reviendra pas souvent. Elle dira plus tard : «J'appartiens à un pays que j'ai quitté.» Quand sa mère meurt, Gabrielle a trente-neuf ans. Pendant ces dix-neuf années, la mère et la fille ne se voient pas souvent mais s'écrivent chaque semaine. Sido devine tout, sa fille ne peut rien lui cacher. Sido accepte sans rien dire la vie bizarre de sa fille. Elle est fière de la voir devenir écrivain, mais elle s'intéresse surtout à sa santé. Elle se moque des scandales, tant que sa fille n'est pas malade ! Sido envoie à Paris des fleurs, des friandises [1]. Gabrielle (on l'appelle Colette maintenant) lui envoie du chocolat, du thé, des photographies, un peu d'argent... Sido est un peu triste. Son mari est mort, elle habite avec la famille de son fils Achille, mais elle écrit à sa fille : «Je ne te vois pas assez pour ce qui me reste à vivre...» Mais Colette n'a pas le temps. Elle est actrice, écrivain, journaliste... et amoureuse. C'est seulement dix ans après la mort de sa mère qu'elle commence à parler de Sido dans ses livres. Mais plus les années passent, plus elle comprend que sa mère a occupé une très grande place dans sa vie.

LA FAMILLE DU CAPITAINE COLETTE

Colette a gardé de très bons souvenirs de son enfance et en parle comme d'un paradis [2]. Pourtant, sa famille avait des problèmes, comme tout le monde, et leur vie a parfois été difficile.

Sidonie Landoy, la mère, est née dans une famille de petits commerçants, des épiciers. Sa mère meurt quand elle est bébé et elle perd son père à l'âge de dix-neuf ans. Elle s'en va vivre chez ses deux frères, beaucoup plus âgés qu'elle. Ils habitent à Bruxelles et y sont des journalistes connus. Elle passe chez eux les trois années les plus agréables de sa vie, dans une maison où viennent de nombreux amis, peintres, musiciens et écrivains. Ses frères lui laissent beaucoup de liberté pour une jeune fille des années 1850 et, grâce à eux, son esprit s'ouvre à des idées nouvelles, à l'art et à la littérature.

En ce temps-là, une fille bien élevée n'avait pas le choix : elle devait se marier. Mais Sidonie n'a pas de

---

1. Friandises : petites choses bonnes à manger.
2. Paradis : où l'on est toujours heureux.

Sidonie, la mère de Colette, à quarante ans.
Une forte personnalité.

Colette et son frère Léo, dans la cour de leur maison à Saint-Sauveur-en-Puisaye.

Sido et son mari, le capitaine Colette, jouant aux dominos.

dot [1] et ses frères ont du mal à lui trouver un mari. Ils connaissent en France, à Saint-Sauveur-en-Puisaye, une famille de propriétaires terriens qui cherche à marier un fils à problèmes. C'est un garçon alcoolique et violent, mais riche. Les deux frères pensent que leur sœur trouvera la sécurité. C'est mieux que rien !

Sidonie épouse donc Jules Robineau en 1857, elle a vingt-deux ans. Ce sera un mariage malheureux. Son mari est presque toujours absent. Il boit trop et dort des journées entières. Il trompe sa femme avec les servantes... Un jour, il essaie de la battre, mais elle ne se laisse pas faire, elle lui jette une lampe au visage... il ne recommencera jamais ! La naissance de Juliette ne change rien. Née d'un père alcoolique, cette petite fille n'est pas tout à fait normale. Elle aura une triste vie et se donnera la mort à l'âge de quarante-sept ans. Colette et sa demi-sœur n'ont jamais été deux amies.

Au début des années 1860, un homme sympathique arrive à Saint-Sauveur-en-Puisaye. Il s'appelle Jules Colette et travaille au bureau des impôts [2]. Il a été capitaine dans l'armée française de Napoléon III. Il s'est battu en Italie et y a été blessé : on lui a coupé une jambe. C'est pourquoi il a eu droit à un travail de fonctionnaire [3]. Jules Colette a six ans de plus que la jeune Mme Robineau. Ils deviennent très vite amis, sans trop se cacher. Aussi, quand Sidonie a un deuxième enfant, Achille, toute la ville sait que c'est le fils de Jules Colette. Le mari fait comme s'il ne savait rien. Il boit de plus en plus et à sa mort — il meurt de maladie deux ans après la naissance d'Achille — les habitants de Saint-Sauveur-en-Puisaye pensent que Sidonie n'a rien fait pour le soigner. Elle est maintenant libre et riche, car l'argent de

---

1. Dot : argent apporté par une jeune mariée à son époux.
2. Impôts : argent qu'il faut donner à l'État.
3. Fonctionnaire : personne qui travaille pour le gouvernement, c'est-à-dire pour l'ensemble des gens qui dirigent le pays.

son mari est pour elle, avec la belle maison aux deux jardins, des terres, des fermes et des bois.

Sidonie et Jules Colette se marient onze mois seulement après la mort de Jules Robineau, sans faire attention au scandale ! Ils seront heureux ensemble et auront deux autres enfants : Léo, né en 1867, et Gabrielle, la petite dernière, née le 28 janvier 1873.

Le capitaine Jules Colette souhaiterait faire de la politique mais il n'arrive pas à se faire élire. Il rêve d'écrire ses souvenirs de soldat ou des livres de mathématiques, mais il n'y arrive pas non plus. Alors il écrit les titres sur de gros cahiers et les range sur une étagère. Après sa mort, ses enfants les ont ouverts : toutes les pages étaient blanches !

Mais il y a plus grave. Cet homme est doux et tendre, mais il n'est pas compétent. Il aime trop rêver pour faire bien son métier et s'occuper d'argent. Pourtant, sa femme lui fait confiance et elle le laisse prendre soin de ses propriétés, sans contrôle. Juliette et Achille Robineau possèdent eux aussi une partie de l'argent de leur père. Quand Juliette se marie, elle demande des comptes. C'est la catastrophe ! La famille a presque tout perdu dans de mauvaises affaires ! Juliette et son mari se fâchent. Toute la ville apprend la nouvelle. Encore un scandale...

La petite Gabrielle n'a que douze ans et n'en souffre pas. Sa maison reste un paradis.

L'ÉCOLE DE SAINT-SAUVEUR

Sidonie n'a pas voulu que sa fille la quitte trop tôt pour être enfermée dans un collège comme ses autres enfants. Gabrielle fréquente donc l'école de filles de la ville, la « communale » où allaient seulement les enfants pauvres.

L'école possède deux classes laides et sales, pleines de mauvaises odeurs. Les tables sont vieilles et trop petites. Les élèves doivent nettoyer leur classe, casser du bois et allumer le feu. Elles bougent beaucoup, se battent comme des garçons, ont des fous rires et parlent un mauvais français. Comme elles aident leurs parents à la ferme, elles s'endorment souvent pendant les leçons ! La première institutrice est une femme douce qui pleure quand les filles se moquent d'elle. À sa place, le député-maire [1] installe une de ses amies. Cette institutrice-là sait se faire obéir.

Gabrielle s'amuse beaucoup. Elle est plus libre que dans une pension, et elle a le temps de courir dans les champs avec ses copines de classe. À soixante ans, Colette se souviendra encore de leurs noms : Henriette, Marie, Jeanne et Yvonne... À la sortie de l'école, elle les aide à garder les vaches et les moutons, à préparer les lourds repas des paysans : pain, lard* et vin.

Elle est la meilleure élève de sa classe, surtout en français. Il faut dire qu'elle est la seule fille dont les parents ont des livres à la maison ! Et elle les lit. À dix ou douze ans, elle lit Victor Hugo, Voltaire, Balzac, et même Shakespeare. Sa mère lui interdit de lire Zola, mais elle le lit en se cachant au fond du jardin. Un jour, elle découvre ainsi avec horreur comment naissent les enfants, et s'évanouit [2] sur le gazon !

À seize ans, Gabrielle est reçue au brevet supérieur. En ce temps-là, c'était un examen assez difficile que passaient les enfants trop pauvres pour aller au lycée préparer le baccalauréat. Et elle a eu dix-sept sur vingt en français !

Peu de temps après, un ministre arrive de Paris pour fêter la nouvelle école. On venait d'en construire une neuve. La directrice demande à Gabrielle de dire le discours. Toute la ville est là, dans ses plus beaux

1. Député-maire : homme politique qui s'occupe de la ville et du département.
2. S'évanouir : se trouver mal, perdre connaissance.

vêtements. Il y a un grand bal. Mais au cours de la fête, on découvre que le député-maire est plus qu'un ami pour l'institutrice...

Trente-cinq ans plus tard, Colette racontera ces souvenirs dans *Claudine à l'école*, et les habitants de Saint-Sauveur-en-Puisaye ne seront pas contents du tout.

Nous sommes en 1890. Gabrielle a dix-sept ans. Elle connaît son premier vrai malheur. Son père a vendu peu à peu toutes les propriétés de la famille. C'est la ruine. La maison aux deux jardins est vendue, avec tous ses meubles... Il faut aller vivre chez Achille, le grand frère, devenu médecin dans une ville voisine. Le père y tiendra un magasin de tabac.

L'enfance est bien finie. Les études aussi. Gabrielle n'a ni métier, ni argent. Comme sa mère, cinquante ans plus tôt, elle n'a qu'une solution : le mariage. Mais le problème reste le même. Où rencontrer un homme qui accepte d'épouser une fille sans dot ?

Colette et son mari, Willy. Une nouvelle vie commence pour la jeune Bourguignonne.

CHAPITRE 2

UN MARIAGE
TRÈS PARISIEN

WILLY

À Châtillon-sur-Loing, Gabrielle accompagne son frère quand il visite ses malades. Elle lit beaucoup, elle rêve... Elle pourrait devenir médecin, elle pourrait rencontrer le prince charmant, elle pourrait bien des choses... Mais à Châtillon, il ne se passe jamais rien, et notre jeune fille n'a pas souvent l'occasion de voir des jeunes gens. Aussi, quand elle rencontre Henry Gauthier-Villars, un ami de la famille Colette, elle le trouve extraordinaire !

Il faut dire que c'est quelqu'un de bien. Sa famille possède une importante maison d'édition* à Paris. Ce sont des gens riches, cultivés, qui fréquentent le meilleur monde. Henry est journaliste. Il commence même à être connu pour ses critiques* musicales, publiées* dans *Gil Blas* et *l'Écho de Paris*. Gabrielle les lit, ces articles. Car elle aime la musique et le théâtre. Et pour savoir ce qui se passe à Paris, elle lit *l'Écho de Paris*, le journal à la mode.

Mais que vient faire à Châtillon-sur-Loing ce parisien distingué ? Il vient voir son fils, un bébé de quelques mois ! Henry Gauthier-Villars, que tout Paris appelle Willy, aimait une femme mariée qui attendait de divorcer. Elle a eu un enfant, Jacques, et elle est morte peu après. N'osant pas parler de cet enfant à ses parents, Willy demande conseil à la famille Colette, et le petit Jacques est mis en nourrice [1] près de chez eux.

---

1. Nourrice : femme qui nourrit un bébé à la place de la mère.

Sido promet de s'occuper du bébé. Willy a donc souvent l'occasion de rendre visite aux Colette et de bavarder avec leur fille Gabrielle.

Et elle est ravissante, cette jeune Gabrielle, avec ses yeux bleus qui deviennent gris ou verts selon la lumière. Elle porte encore ses longues nattes de petite fille, mais elle a déjà un corps de femme, mince et souple. Or Willy aime beaucoup les femmes. Et celle-ci est intelligente, en plus. Elle est drôle aussi, avec son fort accent [1] bourguignon, sa façon de rouler les « r ». Cet accent, elle le gardera toute la vie !

Gabrielle admire cet homme de trente ans, ce Parisien distingué qui fait des efforts pour lui plaire. Il ne lui parle pas d'amour, mais il la regarde d'une manière bizarre... Elle commence à rêver. Aussi, quand elle le peut, elle passe quelques jours à Paris chez une tante. Willy l'emmène au théâtre. Un soir, ils vont dîner dans un restaurant à la mode. Après deux verres de vin, Gabrielle se jette dans les bras de Willy et lui dit qu'elle veut être sa femme ! En public ! Dans un restaurant où tout le monde connaît Willy et les regarde !

Cela fait scandale. Un article* du *Gil Blas* raconte l'histoire d'un journaliste connu comme un don juan [2] qui s'affiche avec une très jeune fille. On en parle dans les salons parisiens, mais aussi à Châtillon ! Willy n'a pas le choix. Il a de l'amitié pour la famille Colette, Gabrielle lui plaît, il la demande en mariage. Gabrielle est enthousiaste. Mais elle est bien la seule !

Ses frères Achille et Léo se moquent de Willy : il est gros et il perd ses cheveux. Et c'est vrai qu'il n'est pas très joli garçon, ce prince charmant ! À trente ans, il pèse près de cent kilos. Un visage lourd, de gros yeux tombants, une petite bouche cachée derrière une forte

---

1. Accent : manière de parler une langue. Colette parle comme en Bourgogne, la région de son enfance.
2. Don juan : se dit d'un homme qui séduit beaucoup les femmes.

moustache... Il ressemble à la reine Victoria, dira Colette. Pourtant, il a du charme, il est drôle, toujours amusant, il plaît aux femmes.

Mais il ne plaît pas beaucoup à Sido. Elle se méfie de cet «homme à femmes». Elle est inquiète pour l'avenir de sa fille. Mais elle n'a pas le choix. Gabrielle a déjà de la chance d'avoir trouvé ce mari-là. Il est de bonne famille, il a de l'argent et il prend la petite sans dot. Et puis, pense Sido, le mariage et le bonheur sont deux choses différentes.

Les Gauthier-Villars sont déçus. Ils espéraient pour leur fils une jeune fille riche et de meilleure famille. Ils refusent de venir au mariage.

Willy ne semble pas très amoureux. Il écrit à son frère que Gabrielle est charmante, mais qu'elle n'a pas de dot. Il faut bien se marier un jour, dit-il...

Le lendemain du mariage, Gabrielle quitte Sido, sa mère. La jeune femme qui prend le train pour Paris a vingt ans. Elle s'appelle Mme Henry Gauthier-Villars, mais son mari a décidé de l'appeler Colette. Pendant trente ans, tout le monde l'appellera Colette Willy.

LA VIE DE BOHÈME

La maison confortable, la nature, les longues journées tranquilles, la bonne cuisine de Sido, tout ça est bien fini. Gabrielle a quitté la vie de province [1] et Colette découvre la vie de bohème [2].

À Paris, elle habite rue Jacob, dans le quartier de Saint-Germain-des-Prés. La rue est étroite. L'appartement est petit et sombre. Colette passe ses journées seule, avec son chat. Elle lit, elle écrit à sa mère. Willy est toujours très occupé. Elle le retrouve le soir, à *l'Écho de Paris*. Il corrige ses articles, elle l'attend

---

1. Province : qui n'est pas Paris.
2. Vie de bohème : vie sans règles, par opposition à la vie bourgeoise.

longtemps, en bavardant avec les journalistes. Ils vont boire un verre, puis ils dînent dans une brasserie, avec de nombreux amis. Parfois, Willy les invite rue Jacob. Colette s'assied par terre, dans un coin, sans rien dire. Les soirées sont longues, on se couche très tard, Colette s'ennuie souvent, elle a sommeil.

Il faut avouer qu'elle n'a aucune amie de son âge. Tous les amis de son mari sont des gens amusants ou intéressants, mais ils sont vieux ! Ils ont trente ou quarante ans, elle en a vingt ! Certains sont aimables pour la petite épouse : Paul Masson et Marcel Schwob deviendront de vrais amis. Mais Colette se sent seule. Elle n'aime pas les soirées au restaurant, elle déteste les salons mondains que fréquente Willy. Là, elle rencontre Anatole France, Marcel Proust, Oscar Wilde et André Gide. Elle voit Toulouse-Lautrec et Claude Debussy. Mais elle est très timide. Elle sait qu'on se moque de son accent bourguignon. Elle n'ose pas parler devant ces gens célèbres qui la regardent un peu comme une bête curieuse [1]. Tous se demandent pourquoi Willy l'a épousée...

Mais il y a plus grave. Colette n'est pas très heureuse avec son mari. Elle est un peu déçue par l'amour. Willy est un libertin [2] aux goûts compliqués, elle aimerait un amour plus simple, plus tendre. Surtout, Willy la trompe et elle l'apprend très vite. Un jour qu'elle a décidé de le suivre, elle le trouve dans un petit appartement en charmante compagnie. Colette reste sans voix, Willy ne dit pas grand-chose, mais la jeune maîtresse prend un petit couteau et menace Colette ! Une vraie scène de théâtre de boulevard* ! Colette découvre donc la jalousie. Elle ne fait aucun reproche [3] à son mari. Elle

---

1. Bête curieuse : se dit d'une personne que l'on regarde avec curiosité, comme un animal étrange.
2. Libertin : qui a des façons d'agir très libres.
3. Reproche : parole désagréable.

Colette est malheureuse auprès de Willy. Elle est
timide et se sent très seule.

ne pleure jamais. Elle est malheureuse mais elle n'en parle à personne, même pas à sa mère qui devine la vérité mais ne dit rien.

Après six mois de cette vie, Colette tombe malade. Elle ne mange plus, elle refuse de se lever. Un soir, au bal, elle est aussi verte que sa robe... Le médecin explique à Willy qu'elle se laisse mourir.

Sido vient la soigner. Quelques amis viennent la voir tous les jours. Ils plaisantent, ils lui lisent des romans... Deux mois plus tard, elle retrouve son courage. Elle passe des vacances en Bretagne et découvre la mer. Elle décide de vivre, mais elle a changé.

La jeune femme a perdu ses illusions[1]. Elle est devenue méfiante. Elle est encore amoureuse de son mari, mais elle le connaît bien et elle n'a plus confiance en lui. Elle apprend à ne rien dire, à cacher ses sentiments, à accepter des situations désagréables. Willy est autoritaire, elle ne discute pas ses ordres et mène la vie mondaine qu'il aime.

Colette a vécu quatorze ans avec son premier mari, de 1893 à 1907. Le Tout-Paris aime s'amuser, c'est ce qu'on appelle la Belle Époque, Colette sort donc tous les soirs. Elle fréquente les salons littéraires, mais aussi le «demi-monde». On appelle ainsi les courtisanes, les femmes de mauvaise vie. Certaines d'entre elles sont très belles, très célèbres, très riches aussi. Elles sont les maîtresses d'artistes, de milliardaires* et de rois. Édouard VII, roi d'Angleterre, et Alphonse XIII, roi d'Espagne, viennent s'amuser à Paris. Ils offrent à leurs belles amies des maisons magnifiques, des chevaux et des vêtements luxueux. Elles organisent des soirées extraordinaires. Un soir, Mata-Hari danse sans aucun vêtement, debout sur un cheval blanc. Une autre fois,

---

1. Perdre ses illusions : ne plus croire que la vie est facile, que les gens sont tous bons...

Colette et son amie Polaire entrent dans le salon, assises dans un grand plat porté par quatre hommes. Le plat est rempli de crème fouettée* et les deux jeunes femmes, en déshabillé [1], rient comme des folles en battant des pieds ! Colette les connaît, ces beautés célèbres : Liane de Pougy, Cléo de Mérode et les autres. Elle devient l'amie de la belle Otéro, déjà âgée, qui l'invite à manger du pot-au-feu* et lui apprend la vie.

– Mon petit, lui dit-elle un jour, souviens-toi qu'il y a toujours dans la vie d'un homme un moment où il ouvre grand la main.

– Le moment de l'amour ? demande Colette.

– Non, le moment où tu lui mords [2] le poignet !

C'est une dure école pour une petite provinciale de vingt-trois ans !

Mais elle s'habitue. Elle fréquente aussi des gens très distingués, comme Anna de Noailles. Elle se fait une amie pour la vie : Marguerite Moréno, une actrice. Elle écoute les conseils de Rachilde, une célèbre journaliste qui reçoit ses amis avec deux rats* apprivoisés [3] sur les épaules !

Colette et Willy vont aux courses de chevaux à Auteuil, à l'Opéra et au festival de Bayreuth, en Allemagne, car ils admirent Wagner. Mais le dimanche, ils vont à la campagne, au bord de la Seine. Ils font du vélo, ils se promènent en barque sur la rivière, ils mangent dans des guinguettes [4]. Comme les personnages des tableaux de Renoir !

Colette a fait des progrès. Elle se débrouille bien maintenant, elle n'est plus timide, elle sait s'habiller, les amis de Willy l'ont acceptée. Elle n'est peut-être

---

1. Déshabillé : tenue légère qu'une femme porte quand elle est chez elle.
2. Mordre : refermer les dents sur quelque chose.
3. Apprivoisés : habitués à vivre avec les hommes.
4. Guinguette : restaurant populaire, au bord de l'eau, où l'on peut danser.

pas très heureuse, mais elle est devenue une personnalité excentrique* du Tout-Paris.

Naissance d'un écrivain

La vie de bohème coûte cher. Willy a toujours besoin d'argent. Il tient des comptes, donne très peu d'argent à sa femme. Un hiver, Sido, de passage à Paris, offre un manteau à Colette car elle n'a pas de vêtement chaud ! Willy n'est pas pauvre, mais il aime l'argent, et il le place à la banque, en cachette, pour lui seul... Il est avare[1], tout simplement.

Il est en train de devenir un écrivain célèbre. Mais c'est un écrivain bizarre : il n'écrit rien ! Pourtant, il travaille beaucoup. Il a plusieurs secrétaires et Colette l'aide quelquefois. Elle lui fait du courrier par exemple. Il dirige une dizaine d'auteurs qui écrivent ses livres à sa place. Il les paie, bien sûr, mais les paie mal. Ce sont des jeunes gens pauvres, contents de trouver du travail. Certains deviendront de vrais écrivains : Francis Carco ou... Colette !

Willy signe donc des livres écrits par d'autres. Il achète des idées de roman, il fait un plan et imagine les personnages. Puis il donne le travail à plusieurs personnes : les uns écrivent les dialogues, les autres décrivent les paysages. Willy contrôle, discute, corrige, mélange les textes... C'est un drôle de travail et il le fait bien car tous ces livres semblent écrits par une seule personne : lui ! Il a du talent*, mais il est incapable d'écrire.

Un jour, Colette et son mari retournent quelques jours à Saint-Sauveur-en-Puisaye. Colette est émue de retrouver la ville de son enfance. Elle raconte ses souvenirs d'école. Willy les trouve amusants, il lui demande de les écrire. Mais quand il les lit, il est déçu :

---

1. Avare : personne qui ne veut pas dépenser son argent.

«Je me suis trompé, ça ne peut servir à rien», dit-il. Et le premier texte de Colette va dormir pendant cinq ans au fond d'un tiroir.

En 1899, Willy manque d'argent. Il sort les cahiers oubliés, les relit et pense : « Je ne suis qu'un idiot ! » Il sent que ces souvenirs feront scandale : donc, ça se vendra bien. Et il publie *Claudine à l'école*. Signé Willy. Il en vendra cinquante mille exemplaires en cinq ans. Un succès !

Alors il met Colette au travail. Elle n'aime pas ça. Elle est paresseuse et l'avoue sans faire d'histoire. Mais ce mari sait se faire écouter. Elle l'appelle « le doux maître », mais parfois il l'enferme à clef dans sa chambre pour qu'elle écrive. Elle arrive à écrire un livre par an, pendant cinq ans. Ce sont les *Claudine* et *Minne*. Tous sont signés Willy. Il finit par lui donner trois cents francs par mois, mais après de longues disputes. À l'époque, une institutrice touchait soixante-dix francs par mois. Il est vrai que Colette ne manque de rien, mais elle n'a pas du tout de liberté.

Ils ont plus d'argent et ils s'installent dans un grand appartement rue de Courcelles, dans un quartier distingué de Paris. Colette a des journées mieux organisées. Elle travaille quatre heures par jour dans son bureau, elle fait de la gymnastique, des exercices de danse, elle promène ses chiens et ses chats au parc Monceau... Plus tard, elle racontera cette période et dira beaucoup de mal de Willy. Le personnage n'est pas sympathique, c'est vrai, mais, grâce à lui, Colette a appris à écrire.

Car il l'aide. Il travaille avec elle sur ses textes, il la force à trouver le mot juste, à écrire de manière plus simple. C'est un professeur sévère mais compétent et, peu à peu, l'élève Colette fait des progrès. Elle devient un vrai écrivain et elle commence à aimer ça. Elle s'amuse à mettre dans ses livres des gens qu'elle rencontre dans la vie. Elle fait des portraits très durs de ceux qu'elle déteste. Ils ne sont pas exactement pareils, mais les lecteurs du Tout-Paris les reconnaissent facilement, et ils adorent ce petit jeu. En 1904, elle publie sous le nom de Colette Willy le premier livre qu'elle a écrit pour le plaisir. C'est *Dialogues de bêtes*.

Ce livre, elle l'a écrit à la campagne, dans une propriété que Willy a achetée pour elle en 1902 en Franche-Comté. La maison des Monts-Boucons est entourée de champs, de bois, de vergers [1]. Colette y passe les mois d'été, avec ses animaux et les amis qui lui rendent visite. Willy reste à Paris. Dans la nature, elle profite du calme pour essayer d'oublier la vie qu'elle mène à Paris. Car ses rapports avec son mari sont de plus en plus compliqués.

Un couple scandaleux

Willy est un homme actif, inventif et cynique [2]. Il aime tout diriger et personne ne résiste à ses envies. Mais il n'hésite jamais à faire parler de lui, et il est prêt à tout pour gagner de l'argent. La série des *Claudine* lui donne l'occasion d'organiser un beau scandale et de se faire une bonne publicité.

Les aventures de Claudine sont tout à fait grivoises [3]. En 1900, on aimait les histoires de femmes qui trompent leur mari, ou le contraire. Mais là, on nous montre des couples scandaleux [4], et même un mari qui pousse sa femme entre les bras de sa maîtresse... Willy exagère !

Le bruit court que c'est sa jeune femme qui lui donne ces idées. Il doit se battre en duel [5] avec un

---

1. Vergers : champs plantés d'arbres fruitiers.
2. Cynique : qui se moque de la morale courante.
3. Grivoises : qui parlent de l'amour physique avec légèreté.
4. Scandaleux : qui va contre la morale et donne le mauvais exemple.
5. Se battre en duel : quand deux hommes décident de se battre avec une arme pour finir une dispute.

écrivain qui s'est reconnu dans un livre. Il est menacé d'un procès [1]. Willy est très satisfait de toute cette publicité et décide d'en profiter pour faire encore mieux.

Il transforme le roman *Claudine à Paris* en pièce de théâtre et fait jouer Claudine par une actrice inconnue : Polaire. Avec ses cheveux courts, sa taille très fine et son air de petite fille, Polaire a un succès fou. Il lance sur le marché de nombreux produits qui portent le nom de Claudine : parfum, chapeau, crème de beauté, cigarettes... Il fait des cartes postales avec des photographies de Colette déguisée en Claudine à l'école. On la voit avec un gros nœud dans les cheveux, avec son chien, assise sur une table d'école et même à genoux devant Willy !

Colette va se couper les cheveux pour ressembler à Polaire. Willy leur achète les mêmes vêtements et il sort dans Paris, avec une femme à chaque bras. En riant, il les appelle « mes jumelles [2] ». On se précipite pour le voir, accompagné de ses fausses petites filles en robe blanche... Ça c'est de la publicité !

Polaire est une bonne fille, elle a honte et voudrait se cacher. Colette est habituée à ne rien dire. Elle s'efforce d'en rire, mais elle commence à mépriser [3] son mari et peut-être à se mépriser elle-même. Il existe une photographie du couple très intéressante. Willy est debout, une fleur à la veste, puissant, autoritaire et très décontracté. Devant lui, assise, Colette ressemble à une enfant bien élevée et un peu craintive et renfermée. Derrière eux, un grand tableau les représente, dans les mêmes vêtements et la même position. On a envie de prendre Colette par la main et de la faire sortir du tableau.

---

1. Procès : affaire amenée devant la justice.
2. Jumeaux, jumelles : frères ou sœurs nés le même jour.
3. Mépriser : penser du mal de...

Willy accompagné de ses fausses « jumelles » en robe blanche, Polaire et Colette.

Colette déguisée en Claudine à l'école, avec un gros nœud dans les cheveux, et Toby-Chien.

Pourtant elle reste et elle supporte beaucoup de choses. Willy, le «père de Claudine», reçoit la visite de dizaines de jeunes beautés qui veulent lui offrir leurs souvenirs... et leur amour. Il en profite, bien sûr, et ne se cache même plus.

COLETTE S'EN VA

En 1905, les choses commencent à bouger. Colette perd son père et l'un de ses meilleurs amis, Marcel Schwob. Willy vend la maison des Monts-Boucons, car il a besoin d'argent, comme d'habitude. Une voyante[1] dit à Colette :

– Oh, c'est curieux, il faut en sortir !

– Sortir de quoi ? Déménager[2] ? demande Colette.

– Aussi, mais c'est un détail. Il va falloir en sortir... vite.

Mais comment faire pour s'en sortir ? En ce temps-là, divorcer est une chose difficile. Colette n'a pas d'argent. Les *Claudine* appartiennent à Willy. Elle a des amis, mais, pour la plupart des gens, elle n'est que la femme de Willy. Une jeune personne un peu scandaleuse, mais pas très intéressante. Si elle divorce, comment gagnera-t-elle sa vie ?

Pendant qu'elle rêve de quitter Willy, son mari rêve de la voir partir. Mais il préfère ne rien précipiter. Il ne veut pas de complications ni de larmes. Il va donc encourager sa femme à se trouver un métier. Elle a toujours aimé la danse et le théâtre. Chez des amis, elle joue quelquefois de courtes pièces. Mais son accent bourguignon est une catastrophe. Impossible de devenir une actrice avec une voix pareille ! Alors Willy lui conseille d'apprendre la pantomime*. Il lui fait donner des cours par Georges Waag et sa femme,

---

1. Voyante : personne dont le métier est de lire l'avenir, dans les cartes, le café, une boule de verre...
2. Déménager : changer de logement.

Christiane Kerf. Colette est souple et solide, grâce à sa gymnastique quotidienne. Elle travaille avec sérieux et réussit bien. Dès 1906, elle joue dans deux théâtres parisiens. Le public est curieux de voir Mme Willy en jupe courte !

Colette se fait de nouveaux amis. Ses professeurs de mime, mais aussi des femmes. L'une d'elle la prend sous son aile. Missy a quarante-trois ans, elle est tendre, riche et célèbre. Elle va aider Colette à quitter son mari.

Willy est mécontent, mais, après tout, il se moque des amours de sa femme. Il vient de rencontrer une jeune Anglaise dont il est amoureux. Il a l'idée d'organiser pour Colette une tournée de théâtre en province. Il lui dit qu'il aimerait changer d'appartement, vivre autrement... Elle comprend qu'il ne veut plus d'elle. Il la jette dehors ! Elle est surprise et vexée, mais elle s'en va.

Colette a trente-trois ans. Maintenant, c'est une femme libre.

Colette à ses débuts, au théâtre. Elle découvre un métier difficile.

CHAPITRE 3

UNE DIFFICILE LIBERTÉ

LE DIVORCE

Après treize ans de mariage et six romans à succès, Colette se retrouve sans rien. Elle quitte l'appartement confortable de la rue de Courcelles et s'installe dans un petit trois-pièces, dans le quartier plus populaire des Batignolles. Elle se plaît là. Elle a emporté avec elle la chatte, le chien, des livres, une grosse valise noire, une jolie lampe, un sac de billes [1] en verre et quelques portraits d'elle... C'est tout. C'est la première fois qu'elle habite seule. Mais en vérité, elle est très souvent chez son amie Missy. Elle voit aussi Willy, ils ne se sont pas vraiment fâchés. Ils essaient leur nouvelle vie, lui avec sa blonde petite Anglaise, Meg, et Colette avec Missy. Tout-Paris et les journalistes suivent cette histoire avec intérêt : encore un amusant petit scandale ! Mais le scandale va devenir grand et le divorce suivra.

Pour être avec Colette, Missy a décidé de suivre des cours de pantomime. Elle décide même de jouer au Moulin-Rouge, un célèbre théâtre populaire, dans une pièce qu'elle a écrite. La pièce s'appelle *Rêve d'Égypte*, et Colette joue le rôle d'une momie [2]. Un savant, joué par Missy, tombe amoureux d'elle. Il déroule les bandelettes de la momie, elle danse pour lui plaire. Les maris des deux dames sont dans la salle : car Willy est

---

1. Billes : petits objets ronds en verre coloré, avec lesquels les enfants jouent. Colette adorait les objets de verre coloré.
2. Momie : mort desséché entouré de petites bandes, comme dans l'ancienne Égypte.

là, avec Meg, il s'amuse beaucoup, il applaudit[1] bien fort. Les amis du mari de Missy sont là eux aussi, mais pour crier contre un pareil scandale.

C'est que Missy est une femme de très bonne famille. Son vrai nom est Mathilde de Morny, marquise de Belbeuf. Sa mère est une princesse russe, son père est le petit-fils de Joséphine, la femme de Napoléon Ier ! Son mari est un grand seigneur[2] français. Ils ne vivent pas ensemble car elle est partie le lendemain du mariage. Mais elle porte son nom. Sa famille accepte mal qu'elle soit excentrique. Et jouer au théâtre une pièce aussi scandaleuse, c'est trop !

La police doit entrer dans le théâtre et faire sortir Willy, menacé par les amis du mari de Missy. *L'Écho de Paris* met Willy à la porte, il se retrouve donc sans travail. Le gouvernement menace de fermer le Moulin-Rouge, la famille de Missy décide de ne plus lui donner d'argent... Tout finira par se calmer, mais Willy est très en colère, il demande une séparation officielle.

Colette essaie de discuter, mais Willy est bien décidé à divorcer et à épouser Meg. Les anciens époux vont devenir deux ennemis. Colette réclame de l'argent, Willy refuse. Il vend ses droits sur les *Claudine* à un éditeur, sans demander l'avis de Colette. Mais elle le menace d'un procès et il doit accepter que les *Claudine* soient édités avec le nom des deux auteurs : Willy et Colette ! Colette aura donc de l'argent sur la vente de ses livres.

Ils sont vraiment divorcés en 1909, mais ils se détestent encore. Willy publie un roman très désagréable où le personnage ressemble à son ancienne femme. Il la peint comme une libertine vieille, grosse, mauvaise... Colette écrira beaucoup plus tard *Mes apprentissages*, où elle dira le plus grand mal de son

---

1. Applaudir : frapper dans ses mains pour montrer son plaisir.
2. Seigneur : personne née dans une grande famille.

Les *Claudine* se vendent bien. Mais il n'y a pas encore le nom de Colette sur les couvertures !

premier mari... Willy est bien oublié aujourd'hui. On ne se souvient de lui que grâce à Colette !

L'AMOUR DE MISSY

De 1906 à 1912, Colette va avoir une vie assez difficile. Elle découvre la liberté et elle y prend goût. Libérée de Willy, elle peut faire ce qu'elle veut, mais elle doit apprendre à se débrouiller seule. Or ses amours et son métier de mime la placent en dehors de la bonne société. Personne ne va l'aider, car elle n'est ni riche ni de bonne famille. Et elle n'est pas encore connue comme écrivain. Au début, elle est donc assez seule. Les anciens amis de Willy sont presque tous contre elle. Les «gens bien» n'ont aucune sympathie pour les femmes divorcées. Beaucoup trouvent normal qu'un mari trompe sa femme et donnent raison à

Willy. Elle ne fait plus vraiment partie du Tout-Paris, beaucoup de gens font comme s'ils ne l'avaient jamais connue.

Heureusement, il y a Missy. Pour Colette, c'est presque une deuxième mère. Missy lui donne amour, tendresse et attentions. Elle pourrait lui donner de quoi vivre, mais Colette veut travailler, être indépendante. Elle accepte pourtant de nombreux cadeaux de Missy. Grâce à l'aide de son amie, Colette voyage dans de meilleurs trains, porte de beaux vêtements, mange bien. Elle passe des vacances merveilleuses au bord de l'Atlantique. Et parce que Colette adore la mer, Missy va même lui offrir une maison en Bretagne. Cette maison, qui s'appelle Rozven, Colette l'aime beaucoup et la gardera longtemps.

Colette n'aime pas être seule. Quand elle rentre après le spectacle, fatiguée, Missy s'occupe d'elle, l'écoute, la soigne si elle est malade. Près de Missy, Colette est tranquille.

Sido sait tout cela. Mais Sido est restée la même. Elle se moque de l'opinion des gens. Elle sait que Missy prend soin de Colette et cela la rassure. Elle dit à sa fille de faire attention à ne pas prendre froid au théâtre. Elle lui donne des conseils pour se tenir plus droite... Est-elle contente que sa fille fasse du théâtre ? Peut-être pas. Mais elle ne dit rien.

À cette époque, Colette s'habille un peu comme un homme : veste sombre et simple, jupe droite, cravate, chapeau masculin. Le soir, elle porte un pantalon et un smoking[1]. Missy, elle, a les cheveux très courts et porte toujours le pantalon. Leurs amies sont des femmes qui aiment la poésie* et la littérature. Une Américaine, Natalie Clifford-Barney, est aimée de toutes. La plupart sont des écrivains, comme Lucie Delarue-Mardrus et

---

1. Smoking : vêtement de soirée très élégant porté par les hommes.

Renée Vivien. Toute sa vie Colette aimera la compagnie des femmes et elle aura des amies très fidèles.

Mais si elle adore les femmes, cela ne veut pas dire que les hommes lui déplaisent pour autant. Au fond, elle a des goûts peu compliqués et elle a besoin d'amour physique comme de bonne nourriture et de sécurité. Elle prend ce qu'elle trouve. Missy la rassure, car elle garde un mauvais souvenir de sa vie avec Willy. Pendant quatre ou cinq ans, Colette va donc rester près de Missy. Puis elle la quittera... pour aller vivre avec un homme.

LE MUSIC-HALL

Le monde de Missy est doux et confortable. Le monde du music-hall* est dur et pauvre. Colette vit à cheval[1] entre ces deux mondes, toujours un peu différente des autres.

Elle va faire de la pantomime pendant plus de six ans. Elle aime ce métier et elle le fait bien. Il y a de nombreuses photos qui nous la montrent dans des tenues bizarres ou très déshabillées. En chatte, elle est très bien ! Elle fait encore une fois scandale en montrant un sein et une jambe nus ! Elle a refusé de porter un maillot rose, comme le font d'habitude les danseuses...

Est-elle douée ? Les avis sont différents. Certains la trouvent un peu raide. Mais tous disent qu'elle joue de manière naturelle et avec beaucoup d'expression. Ce qui est sûr, c'est qu'elle travaille et que ses collègues l'aiment bien. Certains deviendront célèbres, comme la chanteuse Fréhel, ou Maurice Chevalier. Mais la plupart mourront dans la misère.

Elle s'intéresse à eux. Elle découvre un monde où la vie est très dure. Ces gens du peuple n'ont personne

---

1. À cheval : ici, dans l'un et l'autre monde en même temps.

Colette en petit faune, ci-dessus, ou en déesse
égyptienne, ci-contre : elle joue de manière
naturelle et avec beaucoup d'expression.

pour les aider. Ils n'ont pas de Missy. Quand ils n'ont pas de travail, ils ont faim, tout simplement. À Pigalle, en face du Moulin-Rouge, Colette fréquente le restaurant Chez Palmyre, où beaucoup mangent à crédit... et ne peuvent jamais payer. Heureusement que Palmyre est une brave femme qui n'espère pas devenir riche !

Et quand il y a du travail, la vie n'est pas facile non plus. Colette apprend à se battre pour avoir un salaire correct. Elle joue à Paris, mais la troupe de Georges Waag fait des tournées en province et même à Bruxelles et Genève. Les voyages en train sont longs et fatigants. On arrive dans une ville inconnue, dans un mauvais hôtel. Il faut répéter, faire et refaire les exercices de gymnastique et de mime. Le soir, il y a le spectacle. Le public* est populaire, il aime toucher les artistes quand ils traversent la salle. Il y a des cris, des plaisanteries... Après le spectacle, on mange dans des brasseries bon marché. Puis on se couche, après minuit, très fatigué. Et le lendemain, on reprend le train !

Cette vie, Colette la raconte dans *la Vagabonde*. Elle y peint des gens simples, qui parlent durement. Mais ils sont chaleureux, curieux, fantaisistes et courageux. Ils aiment la vie, et, près d'eux, Colette retrouve ce goût pour la vie que lui a appris sa mère. Près des gens du music-hall, elle apprend à se moquer des gens distingués, qui font des manières et ne s'intéressent qu'à eux-mêmes et à leur belle âme. Elle retrouve le bon sens des paysans de son enfance. Un jour, dans un dîner très mondain, Marcel Proust lui parle de son âme, à elle... Elle lui répond : «J'ai l'âme pleine de haricots* rouges et de lard !»

Colette, qui était timide et paresseuse, devient sûre d'elle ; elle travaille beaucoup. Car en plus du music-hall, elle écrit. Elle utilise son expérience de la vie dans ses livres. Elle écrit et joue une pièce de théâtre, *En camarades,* où elle raconte sa vie de bohème avec Willy. Elle fait des causeries en public sur des sujets variés, pour gagner un peu d'argent. Elle publie plusieurs romans et échoue de peu pour le prix Goncourt. Mais le succès de *la Vagabonde* lui permet d'écrire des articles pour le journal *le Matin.* Elle commence enfin à être reconnue comme un bon écrivain.

COLETTE REFUSE UN BEAU MARIAGE

Colette et Missy sont toujours très amies. Mais Colette prend un peu de liberté. Elle a rencontré un homme charmant, Auguste Hériot. Sa famille est propriétaire des Magasins du Louvre. Il a toutes les qualités : beau, riche, sportif, gentil, amoureux. C'est un jeune homme à la mode, on parle de lui dans les journaux. Colette est divorcée maintenant, il veut donc l'épouser. Il l'emmène en voyage à Naples, à Londres, sur la Côte d'Azur. Missy encourage ce garçon sympathique. Colette n'est pas amoureuse de lui, mais comme tous ses amis, elle pense qu'il ferait un excellent mari. Car Colette a déjà trente-sept ans, la vie du music-hall est fatigante, elle doit songer à s'installer. Et Auguste

Hériot ne ressemble pas à Willy, il laisserait sa femme libre d'aller et de venir. Même Sido est d'accord avec ce mariage.

Mais Colette reste indifférente. Elle dit de lui : « C'est un gentil enfant, quand il est seul avec moi. » Et puis, elle se méfie du mariage. Devenir Mme Auguste Hériot, ça ne lui fait pas envie. Elle ne veut pas quitter sa liberté toute neuve pour cet homme sans importance !

Le baron Henry de Jouvenel, la passion de
Colette.

CHAPITRE 4

LA BARONNE DE JOUVENEL

UNE PASSION

Pendant l'été 1911, alors que Missy et Auguste Hériot attendent ensemble Colette à Rozven, Colette tombe dans les bras d'un autre homme. Un homme comme elle les aime. Un homme qui la fera souffrir [1].

Elle a rencontré le baron Henry de Jouvenel des Ursins quelques mois avant, au journal *le Matin,* dont il est le directeur. C'est un bel homme de trente-cinq ans, intelligent et ambitieux [2]. En politique, c'est un libéral, un homme à l'esprit ouvert et tolérant [3]. Mais ce n'est pas ça qui intéresse Colette. Elle aime en lui le grand seigneur heureux de vivre. Il n'a pas beaucoup d'argent, mais il vit dans le luxe. Il est très attirant, grand, fort, des yeux bruns et doux. Ils connaissent ensemble un grand bonheur physique. Il est fort, il la domine, il est jaloux, c'est un homme d'action. Toujours en mouvement, il sera toujours ailleurs. Bien sûr, ce bel homme est un homme qui aime les femmes, et Colette va encore connaître la jalousie.

Leur histoire d'amour a commencé de façon extraordinaire. Ils se plaisent, se voient, mais rien n'est décidé. Jouvenel doit se battre en duel pour une affaire politique, il est blessé et, le lendemain, il se précipite voir Colette en Suisse. Il lui dit qu'il ne peut pas vivre sans elle. Elle tombe dans ses bras. Ils s'aiment. Mais Jouvenel a une maîtresse, nommée la

---

1. Souffrir : avoir mal.
2. Ambitieux : qui veut réussir dans la société.
3. Tolérant : qui accepte que les autres soient différents.

Panthère*, qui annonce qu'elle va tuer Colette... Colette se cache à Rozven puis à Paris pour échapper à la colère de la Panthère. Des amis de Jouvenel la surveillent, la police aussi... Et tout se termine quand on apprend que la Panthère vient de partir en voyage avec... Auguste Hériot !!! Colette et Jouvenel peuvent alors vivre leur grande passion.

Dès qu'elle rencontre Jouvenel, Sido se méfie. Elle préférait Auguste Hériot, que sa fille appelle l'imbécile[1]. Colette raconte la conversation avec sa mère : « Je suis sûre que tu écrirais de belles choses avec l'imbécile. Celui-là [Jouvenel], tu vas t'occuper de lui, lui donner ce qu'il y a de mieux en toi. Et peut-être qu'il te rendra malheureuse, en plus ! »

Missy aussi est furieuse[2], parce qu'elle est jalouse et abandonnée, mais aussi parce qu'elle sait que Colette va perdre sa liberté avec cet homme-là.

Colette est heureuse, comme pour un premier amour, comme un chat devant un bol de crème. Elle se donne entièrement à Jouvenel qu'elle appelle Sidi, le Pacha ou la Sultane. Tous ces noms font penser à l'amour, à la volupté, à l'Orient... Et tout commence comme dans un conte des *Mille et Une Nuits*.

Le beau Sidi a un vrai château dans le Massif central. Ils y passent la fin de l'été. Puis, de retour à Paris, ils s'installent dans une jolie maison, entourée d'un grand jardin, plein de fleurs, d'arbres et de chats en liberté. Colette se laisse aller au bonheur et à la gourmandise[3]. Elle mange avec un extraordinaire appétit. Elle écrit une histoire par semaine pour *le Matin*. Elle continue à jouer au music-hall. Elle commence à écrire un nouveau roman. Tout va bien.

---

1. Imbécile : idiot.
2. Furieuse : pas contente.
3. Gourmandise : aimer manger de bonnes choses.

Mais l'été suivant, en 1912, ils parlent de se quitter. On ne sait pas exactement ce qui s'est passé entre eux. Sidi part quelques semaines. Colette est désespérée, il lui manque, elle ne peut pas se passer de lui. Quand il revient, elle accepte tout ce qu'il veut. Sido est malade et réclame sa fille. Sidi permet à Colette de partir trois jours seulement ! Un mois plus tard, Sido meurt sans avoir revu sa fille. Achille, le frère de Colette, lui avait demandé de revenir. Il ne pardonnera pas à sa sœur d'être restée à Paris, de ne pas être venue à l'enterrement. Il brûlera toutes les lettres qu'elle avait écrites à sa mère...

Colette est triste de la mort de sa mère. Mais elle ne le montre pas. Elle refuse de s'habiller en noir. Sido lui avait dit : « Ne porte pas le noir après ma mort. Tu sais bien que je ne t'aime qu'en bleu ou rose... » La voyant triste, Sidi se rapproche de sa femme et, très vite, elle attend un enfant. Sido est morte le 25 septembre 1912, le bébé naîtra le 3 juillet 1913. Colette et Sidi se marient en décembre 1912. La voici donc baronne !

É POUSE ET MÈRE

À quarante ans, Colette va, pour la première fois, mener une vie vraiment féminine. Épouse d'un homme important, souvent absent, elle l'attend tout en organisant des repas mondains où elle s'ennuie sans rien dire. Bientôt mère, elle connaît des heures paresseuses. Elle vit les mois de grossesse comme un long bonheur, un peu animal. Peu de temps avant la naissance de sa fille, elle dit : « J'ai l'air d'un rat qui a volé un œuf... » Mais elle est en très bonne santé, et elle joue la pantomime aussi longtemps qu'elle peut se montrer sur une scène de théâtre. Et ça, ce n'est pas normal du tout ! Colette fait ce qu'elle peut pour jouer son rôle d'épouse et de mère, mais elle a du mal !

Quand la petite fille naît, elle reçoit le nom de Colette, mais on l'appelle Bel-Gazou. Sa mère est enchantée, mais inquiète. Elle n'est pas sûre d'aimer vraiment cette enfant, comme une mère doit le faire. Ce qu'elle aime dans ce bébé, c'est la vie. C'est aussi que Bel-Gazou a la bouche et les yeux de son père. Colette aime la voir manger avec un bel appétit, la voir grandir, apprendre à parler, à marcher. Elle a besoin de savoir que la fillette est heureuse. Mais elle ne sera jamais capable de s'occuper de sa fille, chaque jour, comme Sido s'était occupée d'elle.

Colette décide donc de trouver une bonne nurse et elle envoie Bel-Gazou vivre à la campagne, dans le château des Jouvenel. Elle va y voir sa fille, et elle l'emmène en vacances en Bretagne dans sa maison de Rozven... Mais la plupart du temps, Colette travaille à Paris. Grâce à son mari, elle est maintenant journaliste à plein temps au journal *le Matin*. Elle sera reporter, puis directrice littéraire. Mais elle n'aime pas ce métier, car il faut écrire très vite, et chaque jour. La nuit, elle rêve souvent qu'elle n'a pas fini son article à l'heure, qu'il y a un drame au journal... Elle n'aime pas non plus la politique ; tous ses collègues le savent et beaucoup lui en veulent. Elle se moque souvent de cette ambiance masculine : les longues discussions sur de petits événements que Colette trouve sans importance, les repas entre hommes, les jolies femmes qui leur tournent autour... Mais le journal lui permet de gagner sa vie et, pendant la guerre, cet argent sera indispensable.

LA GUERRE DE 1914-1918

Après une belle journée de soleil, en Bretagne, Colette écrit à un ami : « Je nage, je me retourne dans l'eau, je m'amuse comme une folle. Bel-Gazou est magnifique, dorée comme un gâteau, solide et en

Colette et sa fille Bel-Gazou, vers 1918.

bonne santé comme sa mère et très joyeuse.» Mais le soir même, c'est la guerre et, douze jours plus tard, Sidi la quitte dans sa tenue de soldat. Comme toutes les femmes, Colette accepte la situation avec courage. Les hommes partis, une nouvelle vie s'organise. On ne sait même pas si les journaux pourront continuer à exister. Que deviendra Colette si *le Matin* disparaît pendant que ses directeurs sauvent la France ?

Elle installe Bel-Gazou dans le château des Jouvenel. À la campagne, la petite sera au moins bien nourrie... Et elle cherche de l'aide.

À Paris, elle a trois amies qui habitent le même quartier. Marguerite Moréno et Musidora sont actrices, Annie de Pène est écrivain et journaliste. Toutes les quatre, elles vont vivre ensemble, s'aider pour faire le ménage [1], la lessive [2] et la cuisine. Elles doivent parfois faire la queue [3] chez les commerçants car la nourriture commence à manquer. Elles travaillent un moment comme gardes de nuit dans des écoles transformées en hôpitaux de l'armée. Elles essaient de garder le sourire, elles bavardent, elles dansent quand le canon [4] tonne près de Paris.

Ces premiers mois de guerre sont durs, mais Colette aime cette vie entre femmes, leur amitié tranquille. Pourtant, les nouvelles sont mauvaises. Marguerite Moréno perd son mari. Sidi est blessé et voit quatre hommes mourir de froid près de lui. Les morts sont nombreux et on comprend que la guerre sera longue... Les femmes s'installent dans la guerre et attendent des lettres trop rares.

En décembre 1914, Colette réussit à aller à Verdun où se trouve Sidi. Dans la ville, près du front où les

---

1. Faire le ménage : nettoyer la maison.
2. Faire la lessive : laver le linge.
3. Faire la queue : attendre pour être servi.
4. Canon : arme servant à lancer des bombes.

soldats se battent, de nombreuses femmes se cachent, comme elle. Là, sous un faux nom, dans une chambre mal chauffée, elle attend les visites de son mari. Ils se retrouvent avec bonheur et les semaines passent vite. Elle a vu la région des combats, les villages détruits, les femmes désespérées... Elle a envoyé des articles au *Matin*. Elle doit rentrer à Paris, mais pendant toute la guerre, elle va écrire des reportages intéressants.

Colette est libre de voyager pour son métier. Elle va à Rome, à Venise. Elle fait un reportage sur les avions de guerre. Parfois, elle retrouve Sidi pour quelques jours heureux. Mais elle est si souvent seule ! Un jour, à Paris, elle rentre chez elle en courant sous la pluie et, arrivée au coin de la rue, elle voit une partie de sa maison qui tombe d'un seul coup ! Son émotion est violente. Elle a l'impression que c'est son amour qui disparaît en même temps que sa maison... Elle s'installe ailleurs, dans une maison qu'elle n'aimera jamais. Elle y vivra avec Sidi après la guerre, mais ils n'y seront pas heureux.

En 1917, leur vie change. Sidi n'est plus soldat, il est maintenant diplomate [1] à Rome et Colette va l'y retrouver. La vie est douce, à Rome. À côté des soirées mondaines, Colette se promène, écrit et mange des kilos de fromage blanc ! Pourtant, le couple commence à se disputer.

L'AMOUR S'EN VA...

Henry de Jouvenel devient en quelques années un homme politique important. Il abandonne le journalisme. Il représente la France dans des réunions qui préparent les traités de paix. En 1921, il est élu sénateur [2]. En 1922, il joue un rôle important à la SDN* et

---

1. Diplomate : personne qui représente son pays à l'étranger.
2. Sénateur : homme politique important élu (choisi) au Parlement.

se bat pour désarmer les pays européens. Plus tard, il sera ministre.

Colette n'est pas une épouse parfaite pour un homme politique. Elle est devenue un écrivain célèbre, elle est une bonne journaliste. En 1920, elle reçoit même le titre de chevalier de la Légion d'honneur [1]. Mais dans la bonne société, on n'oublie pas son passé scandaleux. La baronne de Jouvenel est une ancienne danseuse, une femme divorcée... Sidi s'en moque. Quand le président de la République l'invite à dîner à l'Élysée, il lui répond qu'il dîne tous les soirs avec la baronne de Jouvenel. Colette sera donc invitée à l'Élysée ! Et dans toutes les cérémonies officielles. Elle découvre que Poincaré et quelques autres sont des gens qui, comme elle, aiment la nature, les animaux et la liberté... Ceux-là deviendront des amis. Mais en vérité, elle ne s'habitue pas à cette vie mondaine. Elle ne s'intéresse toujours pas à la politique, et son mari, lui, ne s'intéresse qu'à ça.

Colette, qui s'ennuie avec les amis et collègues de Sidi, prend l'habitude d'avoir ses amis à elle. Elle se sauve parfois d'une soirée distinguée pour aller danser et s'amuser avec Francis Carco et une joyeuse bande. Ils passent la nuit à Montmartre, dans les bals populaires près de la Bastille. Quand le jour se lève, ils vont manger aux Halles... Sidi se met en colère : la femme d'un homme politique ne doit pas se montrer dans ces endroits mal fréquentés. Elle lui répond qu'il a des maîtresses, qu'il n'a donc rien à lui dire.

Les disputes sont de plus en plus nombreuses, et violentes. Ayant des amis différents et des activités différentes, ils se voient peu. Sidi est toujours absent. Colette vit avec de nombreux animaux, des chats, des chiens, des tortues*, des écureuils*, un serpent* et même une

---

1. Légion d'honneur : décoration donnée aux personnes utiles à leur pays.

petite panthère, Bâ-Tou. Quand il rentre chez lui, Sidi déteste voir sa femme au milieu de ce zoo. Il chasse le serpent et la panthère... et il repart très vite.

«Sidi arrive, Sidi s'en va.» Voilà ce qu'écrit Colette sur ces années. Elle avoue aussi que l'un des grands bonheurs de l'amour est d'entendre le pas de l'homme aimé qui rentre à la maison. Elle fait la fière, mais elle est malheureuse, car Sidi se fait toujours attendre. Et Colette retrouve la jalousie.

Car bien sûr, le beau Sidi a de belles amies. Pendant qu'il a des histoires d'amour, Colette est très occupée par la jalousie. Plus tard, dans ses souvenirs, elle expliquera que c'est une émotion extraordinaire, qui chasse l'ennui. Colette connaît les maîtresses de Sidi. Elle surveille Germaine Patat, qui dirige une maison de couture. Ensuite, c'est Marthe Bibesco, une belle princesse roumaine ! Elle souhaite leur mort et passe beaucoup de temps à chercher un moyen de les tuer. Elle rêve d'être une sorcière [1]. Elle croit que les autres femmes sont vraiment des sorcières, capables de lui jeter un sort. Elle se méfie et arrête les mauvais sorts grâce à une attention de tous les instants. Elle raconte qu'une fois, alors qu'elle était trop occupée à écrire, une maîtresse de Sidi réussit à lui jeter un sort. C'est une catastrophe ! En très peu de temps, Colette a plein d'ennuis : elle a un accident dans la rue, elle tombe malade, elle se fait voler par un chauffeur de taxi et, enfin, elle perd un manuscrit* dans le métro !

Cependant Colette écrit toujours des romans et continue son travail de journaliste. Elle devient même l'amie de Germaine Patat !

Colette et Sidi ne s'entendent plus, mais ils ne sont pas encore devenus deux étrangers. Ils aiment se retrou-

---

1. Sorcière : qui sait utiliser les forces surnaturelles contre les autres (jeter un sort à quelqu'un).

Colette continue son travail de journaliste au milieu de ses animaux familiers.

ver l'été, dans la maison de Rozven. Colette invite ses amis. Il y a là Francis Carco et sa femme, Germaine Beaumont, que Colette aime comme sa fille. Cette jeune femme est la fille d'Annie de Pène, morte en 1919. Colette a offert à Germaine de devenir sa secrétaire au *Matin*. À Rozven, il y a aussi Hélène Picard, dont Colette s'occupe avec tendresse car elle est fragile et seule dans la vie. Bel-Gazou est là, elle aussi. Elle grandit, elle ressemble de plus en plus à son père. C'est une petite fille intelligente et peu habituée à obéir. Sa mère la trouve trop indépendante et la menace souvent de la mettre en pension... Bel-Gazou joue avec son demi-frère, Renaud de Jouvenel. Il a trois ans de plus qu'elle, c'est le fils de la Panthère. Mais le temps a passé depuis qu'elle voulait tuer Colette qui lui avait volé Sidi !

La maison est pleine d'amis. On nage, on s'amuse, on mange trop de poissons et de fruits de mer, on boit des litres de vin blanc... On dort pendant les heures chaudes de l'après-midi, on jardine, on coud des robes d'été... On ne s'ennuie jamais. Quand Sidi vient pour quelques jours, Colette retrouve le plaisir d'autrefois. Mais il repart, toujours trop vite, vers la politique et ses autres amours.

Un si jeune amant

En 1920, Bertrand de Jouvenel rencontre pour la première fois sa belle-mère. Il est le fils de Claire Boas, la première épouse de Sidi, qui continue à se faire appeler baronne de Jouvenel. Elle déteste Colette, car depuis son mariage, c'est elle la vraie baronne de Jouvenel. Elle a donc refusé pendant des années que Bertrand voie son père et «cette horrible femme».

Mais un soir de printemps, Bertrand arrive chez son père, avec un gros bouquet de fleurs. Il a seize ans. C'est un grand jeune homme mince, timide, amoureux de poésie et d'histoire. Il passe son temps à lire et ne sait pas danser. Cet été-là, il apprendra avec Colette à nager, à regarder le ciel, à écouter la mer et à observer la marche des crevettes sur le sable. Elle apprivoise ce garçon timide qui s'étonne de voir une femme si forte et si douce à la fois. Il admire qu'elle soit étrangère au monde de la politique et des ambitions, car sa mère ne connaît rien d'autre. À la fin des vacances, celle-ci trouve son Bertrand changé et lui interdit de revoir Colette. Il ne reviendra que l'été suivant...

À Rozven, Sidi est absent. Bertrand vit avec Colette, Germaine et Hélène. Trois femmes un peu moqueuses qui s'amusent de ce grand jeune homme qui ne sait rien de l'amour. Colette admire sa beauté, comme elle admire la beauté d'un chat ou d'un fruit...

Elle a quarante-huit ans, il en a dix-sept. Et c'est le fils de Sidi ! A-t-elle voulu se venger [1] du père, comme le disent certains ? A-t-elle aimé ce garçon comme une amante, mais aussi comme une mère ? Les deux, peut-être. Pendant quatre ans, elle s'occupe de lui, de sa santé. Elle l'emmène à Saint-Sauveur, retrouve des souvenirs de son enfance et commence à écrire *la Maison de Claudine*. Elle l'emmène aux sports d'hiver, puis en Algérie.

Bien sûr, la famille de Bertrand condamne cet amour coupable. Ses parents lui présentent une jeune fille, on les fiance. Il se laisse faire, mais le jour du repas de fiançailles, il vient embrasser Colette. Elle le regarde partir, par la fenêtre et elle lui lance un bout de papier sur lequel elle a écrit : « Je t'aime. » Bertrand remonte aussitôt, il n'ira pas au repas de fiançailles... Colette a gagné. Pour cette fois !

Sidi, lui, n'est jamais là. Il ne s'occupe pas de sa femme et ne s'aperçoit de rien. Mais quand il rentre chez lui, la vie devient impossible. Il y a tant de disputes que Colette met Bel-Gazou en pension. La petite a neuf ans déjà, elle doit quitter le château et sa nurse pour aller à l'école. Elle pourrait vivre à Paris, avec ses parents. Mais Colette n'en a pas envie. Elle s'entend mal avec cette enfant vive, qui se débrouille toute seule et qui ressemble trop à Sidi. Finalement, quand Sidi découvre la relation amoureuse de Colette et de Bertrand, il quitte la maison sans un mot et pour toujours. Il demande aussitôt le divorce et cesse de voir Colette. Bertrand vient vivre avec elle. Bel-Gazou restera en pension...

L'année 1924 est difficile. Colette, à cause du divorce, perd son travail au *Matin*. Heureusement, elle place ses articles dans d'autres journaux et ne manque

---

1. Se venger : faire du mal à une personne qui vous a fait souffrir.

pas d'argent. Depuis plusieurs années, elle a de nombreuses activités, en plus de l'écriture. Elle joue à nouveau au théâtre, dans ses propres pièces. Elle fait des conférences, des comptes rendus de voyage... Elle est donc devenue une femme reconnue et indépendante, qui n'a pas besoin d'un mari pour la faire vivre. Le divorce n'est pas vraiment une catastrophe. Elle est bien contente de ne plus être baronne, ce titre ne lui a jamais plu.

Elle a cinquante ans, elle se sent guérie des grandes passions amoureuses. Même Bertrand ne l'intéresse plus autant. Très vite, il la déçoit. C'est le fils de son père, il s'est lancé dans la politique et rencontre le succès. À vingt et un ans ! Le voici à Genève, à la SDN, comme Sidi ! Colette le traite d'idiot, elle ne le voit plus, n'en parle même plus. Quelques mois plus tard, il se marie. Colette ne dit rien. Elle semble l'oublier, comme elle veut oublier Sidi.

Dans sa vie, elle tourne une nouvelle page.

Madame Colette, à la fenêtre de son appartement, dans les jardins du Palais-Royal.

CHAPITRE 5

MADAME COLETTE

Pour la première fois, en 1923, Colette a publié un livre sous son nom : Colette. À son premier mariage, le nom de son père était devenu son prénom, il devient maintenant son seul nom, le nom d'un écrivain célèbre. Il lui a fallu trente ans pour gagner ce nom, mais avec lui, elle trouve enfin une vraie liberté. Et c'est une femme heureuse qui commence à marcher vers la vieillesse.

MAURICE OU L'AMOUR TRANQUILLE

Quand elle se sépare de Bertrand, Colette a déjà un nouvel amour en tête. Il s'appelle Maurice Goudeket, il a trente-cinq ans, seize ans de moins qu'elle. C'est un bourgeois parisien, homme d'affaires et plutôt beau garçon. Il vit du commerce des perles [1].

Ils se sont rencontrés chez Marguerite Moréno, la vieille amie de Colette. Maurice décrira, bien plus tard, sa première image de Colette. Elle portait une robe colorée et était couchée à plat ventre sur un divan. Avec sa tête levée, ses cheveux ébouriffés [2], ses bras nus un peu ronds, elle ressemblait à un grand chat. Maurice ne la trouva pas très sympathique. Il pensait qu'elle jouait un rôle et ils se parlèrent très peu. Mais plus tard, ils se rencontrèrent à nouveau sur la Côte d'Azur, chez des amis communs. Par hasard, ils eurent l'occasion de faire ensemble le voyage de retour à Paris, dans la belle voiture de Maurice, conduite par un

---

1. Perles : petits objets ronds et luxueux, blancs, dont on fait des colliers.
2. Ébouriffés : en désordre.

chauffeur. Pour le remercier, elle invita ce jeune homme silencieux à dîner.

Leur amour commence là, par de longues discussions qui durent de plus en plus tard. Maurice est charmant, il lui fait porter des fleurs, il est toujours calme. Un matin, Colette écrit à son amie Marguerite : « Mon conteur nocturne [1] prend son petit déjeuner chez moi. Oh là là, et encore oh là là ! Ce noir, noir, noir garçon a la peau douce comme du satin... »

Marguerite Moréno s'inquiète et lui répond :
« Eh bien, c'est du propre ! C'est du joli ! Tu ne peux donc pas connaître la paix, malheureuse ! On te donne un serviteur et vlan ! tu en fais un maître ! »

Mais Marguerite se trompe. Pour la première fois de sa vie, Colette va vivre un amour sans perdre sa liberté. Maurice ne sera ni son maître, ni son serviteur. Il sera son amour, son ami et aussi son mari. Et il le restera jusqu'à son dernier jour.

Avec lui commence une vie nouvelle, car il souhaite qu'elle abandonne les lieux où elle a vécu avant de le connaître. Elle arrête complètement de jouer au théâtre, comme elle le faisait parfois dans ses propres pièces. Elle vend la maison de Rozven que Missy lui avait offerte et où elle avait passé tant de merveilleuses vacances. Elle quitte l'appartement qu'Henry de Jouvenel lui avait laissé. Elle s'installe dans un minuscule [2] appartement du Palais-Royal, car elle aime le jardin et ce quartier de Paris qui ressemble à un village. Pour les vacances, ils ne vont pas en Bretagne, mais sur la Côte d'Azur, dans un petit village inconnu appelé Saint-Tropez, où Colette achète une nouvelle maison. Maurice l'entraîne aussi dans des voyages : ils visitent la Belgique, la Roumanie, la Norvège, le Maroc...

---

1. Nocturne : de la nuit.
2. Minuscule : très petit.

Au début, ils ne vivent pas vraiment ensemble. Chacun a son appartement, mais ils se voient souvent. Ils ne se marient qu'en 1935. « Nous n'y avions pas pensé plus tôt», dit Colette à ses amis. Maurice, lui, raconte la chose autrement. Tous deux étaient invités à faire le premier voyage sur le *Normandie*, vers l'Amérique. À l'époque, pour avoir une chambre à deux à New York, il fallait être mariés. Maurice proposa donc le mariage et ils firent une petite fête. Sans aucun scandale, pour une fois !

Colette a toujours eu très peur de la solitude. Elle a sans doute été heureuse que son ami propose de l'épouser. N'oublions pas qu'il a quarante-cinq ans, à ce moment-là, alors qu'elle est une femme de plus de soixante ans, souvent malade. Mais elle peut compter sur lui. Pourtant, elle ne portera pas son nom : Colette ne sera jamais Mme Goudeket.

Il n'est pas un mari absent, au contraire, il est toujours là. Il travaille, mais pas trop. Il s'intéresse à tout, mais ne fait pas grand-chose. Il essaie d'écrire, lui aussi, mais sans succès. Quand Colette voyage pour faire des conférences, il la suit. Au début de leur histoire, il était l'amant d'une autre femme qu'il quittera tout de suite, et il ne semble pas qu'il ait donné à Colette l'occasion d'être jalouse. C'est un vrai compagnon, un camarade avec qui elle partage tous les plaisirs, la nourriture, les vacances, les amis et aussi les difficultés. Après la mort de Colette, il écrira un livre de souvenirs plutôt gentil. C'est le mari idéal, enfin. Un chic type [1], disait Colette.

Un écrivain célèbre

Colette profite de cette sécurité pour écrire : elle le fait tranquillement, calmement. C'est un travail lent

---

1. Chic type : en langage familier, un homme bon et sympathique.

et régulier, qui passe avant tout plaisir. Elle recommence huit fois, dix fois la même scène. Une page peut lui prendre une journée entière... Comme au temps où elle était actrice et mime, elle travaille en vraie professionnelle [1].

Mais comme d'habitude, elle se plaint. Elle écrit à ses amis :

«Quel dégoûtant travail... Le travail n'est pas mon climat... Je n'ai jamais, jamais désiré écrire... J'ai horreur d'écrire... Je voudrais continuer cette vie de luxe, pieds nus, un vieux vêtement, beaucoup d'ail et le bain à toute heure, et surtout, ne pas écrire...»

Maurice est riche et pourrait la faire vivre. Mais Colette veut garder son indépendance. L'écriture reste donc son seul moyen de gagner sa vie. Mais, en 1929, la grande crise économique rend la vie difficile. Le commerce de luxe va mal, les perles ne se vendent plus. En 1931, Maurice est ruiné. Il ne sait pas quoi faire. Colette profite de l'occasion pour se lancer, avec lui, dans un nouveau métier.

Ils décident alors de monter un salon de beauté ! C'était un vieux rêve de Colette. Elle a toujours adoré les crèmes et les parfums. Elle aime toucher la douceur des peaux, caresser les cheveux en les coiffant, en les coupant. Elle a du goût pour le maquillage [2]. Quand elle était actrice, elle devait se faire un maquillage épais, coloré, qui se voyait de loin. Elle en a gardé l'habitude et, jusqu'à la fin de ses jours, elle s'est maquillée lourdement. Elle a toujours près d'elle de la poudre, du rouge à lèvres et du noir pour les yeux. Elle pense qu'une femme, surtout quand elle vieillit, ne doit pas montrer un visage nu.

---

1. Professionnelle : personne qui fait très sérieusement son métier.
2. Maquillage : produits et couleurs qui servent à rendre un visage plus beau.

Une nouvelle expérience : le salon de beauté Colette, à Paris.

De riches amis leur prêtent de l'argent et Colette se lance dans la fabrication et la vente de produits de beauté, en utilisant son nom comme publicité. Les clientes viennent par curiosité. Le célèbre écrivain les reçoit, vêtue d'une blouse [1] blanche, rêvant de rendre à toutes les femmes leur jeunesse et leur beauté. Mais l'affaire ne marche pas. C'est la crise économique. Et puis, il faut avouer que les maquillages de Colette sont un peu épais, pas toujours très réussis. Les clientes ne viennent que si elle est présente et ne reviennent que rarement... Finalement, elle perd de l'argent et elle abandonne.

Colette n'a donc pas le choix, il faut que l'argent rentre. Pendant que Maurice essaie de vendre des machines

---

1. Blouse : vêtement de travail.

à laver, elle continue à faire ce qu'elle fait le mieux : écrire. C'est le roman *la Chatte* qui lui permet de regagner l'argent perdu dans le salon de beauté. Elle continue à faire des conférences. Elle écrit aussi des adaptations[1] de ses œuvres pour le théâtre ou le cinéma. Elle commence à écrire régulièrement des articles sur les pièces de théâtre. Comme critique, elle a un jugement[2] assez sûr, et jamais méchant. Elle n'oublie pas qu'elle a été actrice elle aussi, elle sait que le métier est difficile, elle est heureuse de le retrouver comme spectatrice. Elle décrit avec finesse le jeu des acteurs, qu'elle aime beaucoup. Elle regrette que le nouveau théâtre soit si sérieux et souvent inquiétant, mais elle se montre ouverte aux nouveautés et reconnaît la valeur d'Antonin Artaud et de Louis Jouvet. Ce qu'elle préfère, c'est le théâtre de boulevard, surtout celui de Sacha Guitry qui est l'un de ses meilleurs amis : elle aime ces histoires légères et drôles qui présentent avec humour les drames de l'amour et du mariage. Il faut avouer qu'elle connaît bien la question !

Mais elle écrit surtout des romans. Entre 1925 et 1942, elle en écrit une dizaine qui se vendent bien. Colette se fait payer très cher, car elle sait qu'elle a un large public.

Colette écrit comme un peintre, elle raconte des histoires plus ou moins vécues, des histoires d'amour où les femmes sont fortes et les hommes faibles. Ses personnages, elle les prend dans la vie, et leurs aventures sont assez ordinaires. Elle trace d'eux des portraits fins et précis, parfois cruels[3]. Elle déteste souffrir et n'aime pas montrer ses sentiments. Ses romans sont comme elle.

Certains de ses livres font encore scandale, parce que ses idées sur le corps, le plaisir et la liberté sont

---

1. Adaptations : romans transformés.
2. Jugement : avis.
3. Cruel : très dur, méchant.

en avance sur son temps. Dans *le Blé en herbe*, par exemple, un jeune garçon découvre l'amour dans les bras d'une femme plus âgée. Il tombe ensuite amoureux d'une fille de quinze ans et, à son tour, lui fait découvrir le plaisir. Mais, peu à peu, les critiques reconnaissent qu'elle est un grand écrivain. Ils admirent son art de peindre le frémissement [1] de tout ce qui vit, la variété des sensations. Elle écrit comme elle pense, comme elle sent, comme elle parle, comme elle mange, avec naturel et gourmandise. Avec le bonheur de tout saisir de la vie.

Quand elle était jeune, Colette mettait sa vie présente dans ses livres. En vieillissant, elle se penche sur son passé. Elle se souvient de son enfance, de Willy, de Missy, de Jouvenel... Elle fait revivre des sentiments éteints, comme la jalousie. En 1943, enfin, elle écrit son tout dernier roman, *Gigi*. Elle y raconte une histoire qui se passe vers 1900. Gigi, une fille très jeune, pleine de vie et d'illusions, épouse un célèbre journaliste plus âgé qu'elle et qui a beaucoup vécu. À soixante-dix ans, Colette fait revivre en Gigi la petite fiancée de Willy, cette Gabrielle qu'elle était, cinquante ans plus tôt !

Ainsi, Colette est revenue à son point de départ. Elle a maintenant le sentiment d'avoir dit tout ce qu'elle avait à dire d'important. Pendant les dernières années de sa vie, elle écrit encore des souvenirs et elle donne des interviews. Mais surtout, elle se laisse aller aux dernières douceurs que la vie lui offre.

LES PLAISIRS DE LA VIE

Quand elle rencontre Maurice Goudeket, Colette a encore trente ans à vivre. La mince jeune fille aux longues nattes et à la taille souple n'existe plus depuis

---

1. Frémissement : très léger mouvement.

longtemps. Mme Colette est une forte femme, sa taille est devenue épaisse et son poids approche les quatre-vingts kilos ! Ses cheveux frisés entourent un visage resté très beau : le front large, les pommettes hautes, le menton pointu, la bouche fine et les yeux vifs lui donnent l'air d'un chat malin. Sur les photographies, on la voit toujours assise, enveloppée de nombreux vêtements, installée confortablement dans des sièges profonds. Féminine et coquette [1], elle se débrouille pour cacher son corps trop large et montrer son visage bien maquillé.

Elle ne semble pas avoir peur de vieillir. L'âge n'est pas si important puisqu'il ne la sépare pas de Maurice. Ce qui compte, ce sont les plaisirs que la vie apporte à ceux qui l'aiment. Et si Colette ne connaît plus les joies et les souffrances violentes de l'amour passion, elle va maintenant profiter en paix de plaisirs plus calmes.

Elle est entourée d'amis. D'amies, surtout, car elle a toujours préféré la compagnie des femmes. La plus proche d'entre elles, celle qui ne la quitte jamais, c'est Pauline Tissandier.

En 1917, pendant l'un de ces voyages au château de la famille Jouvenel, Colette a rencontré Pauline. C'était une fille de quatorze ans, aux grands yeux clairs, qui avait besoin de travailler. Colette l'a prise à son service et Pauline est restée près d'elle, toute sa vie, même après son mariage. Colette écrit, mais elle aime son confort et la bonne cuisine. Elle a tout appris à Pauline, qui s'occupe de tout dans la maison.

Entre Maurice et Pauline, Colette se sent bien.

Avec les années, elle s'est rapprochée de sa fille, Colette de Jouvenel. La fille a longtemps été intimidée par la mère, cette femme étonnante, extraordinaire, mais à la fois lointaine et autoritaire. La jeune Colette

---

1. Coquette : qui veut plaire.

Maurice Goudeket, c'est à la fois l'ami, le mari, le confident et le compagnon.

est devenue une femme indépendante et active. Elle s'est mariée à vingt ans, a divorcé aussitôt par horreur physique pour son mari. Colette, la mère, admire cette grande jeune femme sportive, belle, libre, qui conduit seule sa voiture, et trop vite... C'est une femme moderne, vêtue simplement, qui a choisi de vivre dans le château de la famille, celui de son enfance. Elle s'intéresse à la politique, comme son père et son demi-frère Bertrand. Pendant la guerre de 1939-1945, elle fera de la résistance. En un mot, c'est une vraie Jouvenel, et sa mère n'aime pas beaucoup cela. Malgré tout, Colette, la «grande», est heureuse des rares visites de sa fille. Elle la traite comme une enfant et lui donne des conseils idiots : «Ta jupe est trop courte... ne prends pas froid... fais attention aux voitures...» Ces bêtises les font rire, elles savent donc s'amuser ensemble, quelquefois... Pourtant la fille ne sera jamais une véritable amie pour la mère.

Marguerite Moréno, elle, sera l'amie de Colette pendant cinquante ans. C'est la seule qui soit son égale. Marguerite est une femme décidée, intelligente, cultivée. Une grande actrice, surtout, capable de faire rire ou trembler ses spectateurs. Elle a aimé Marcel Schwob, dans sa jeunesse, puis a vécu de manière très indépendante. Elle donne souvent à Colette des conseils raisonnables.

Avec ses autres amies, c'est Colette qui donne les conseils. Elle se plaît avec des femmes en âge d'être ses filles, ou bien incapables de se débrouiller seules. Elle s'occupe d'elles, leur trouve du travail, un logement, les soigne quand elles sont malades... Elle les aide, comme une mère, leur donne sa tendresse. Hélène Picard écrit des poèmes, Germaine Beaumont des livres, Renée Hamon fait le tour du monde en vélo ! Toutes adorent Colette.

Le temps des joyeuses vacances à Rozven est fini. Pendant douze ans, de 1926 à 1938, Colette et Maurice inviteront leurs amis à Saint-Tropez, dans leur maison : la Treille Muscate. La maison est simple, avec un grand jardin, un verger d'orangers et un puits d'eau fraîche où pousse la vigne. La mer à deux pas. Colette se lève tôt, travaille au jardin, se baigne et offre de longs repas délicieux sur la terrasse. Un grand arbre les protège du terrible soleil. Après, vient l'heure de la sieste [1], le sommeil lourd dans la chaleur de l'après-midi.

Mais Saint-Tropez devient un village à la mode. La plage est pleine de monde. Les touristes curieux

---

1. Sieste : moment de repos, dans l'après-midi.

La Treille Muscate à Saint-Tropez : une maison simple, avec un grand jardin où pousse la vigne.

entrent même dans le jardin. Colette ne se sent plus chez elle. Elle vend la Treille Muscate. Elle ne quittera plus très souvent la capitale. Ils se font de nouveaux amis, qu'ils voient parfois le dimanche, dans leur maison de campagne près de Paris. Et puis, il y aura la guerre. Colette a trouvé un appartement confortable au Palais-Royal. Elle connaît tout le monde, dans ce quartier. Elle demande aux restaurants voisins de lui livrer des repas chez elle. Elle aime le jardin bien soigné qu'elle voit de sa fenêtre, les allées d'arbres, le jet d'eau et les parterres de roses...

On peut voir une photographie de Colette, penchée à la fenêtre de son appartement, l'air rêveur et les cheveux ébouriffés, comme d'habitude. Peut-être rêve-t-elle aux autres jardins qu'elle a connus? Les deux jardins de Saint-Sauveur-en-Puisaye où sa mère sortait dès le petit matin, surveillant la santé des fleurs et des chats. Le jardin de son voisin de la rue Jacob, qu'elle regardait tristement au début de sa vie avec Willy. Le champ de pavots* des Monts-Boucons : une photographie nous la montre, toute jeune et jolie, caressant les fleurs à pleines mains. Le jardin sauvage de la maison de Passy, au début de ses amours avec Jouvenel. Les géraniums, les myosotis et les marguerites rouges que partout elle plantait sur les bords de ses fenêtres. Derrière le petit hôtel particulier où elle habitait à Paris, avec Jouvenel, elle avait aussi un jardin. Elle y faisait pousser des roses et une glycine qui grimpait sur une tonnelle [1]. À la Treille Muscate, elle avait planté des arbres : un figuier, un oranger... Elle savait bien qu'elle ne les verrait pas grandir, mais elle aimait planter, tout simplement.

Les jardins de Colette ont toujours eu, dans un coin, un petit endroit où poussent des aromates*. Car elle aime les nourritures simples et solides, rendues meilleures encore par le parfum des herbes. Le thym, le laurier, les petits oignons* frais avec leur longue queue verte, l'ail* surtout... Toute sa cuisine en est parfumée.

La gourmandise est son plus aimable défaut. Elle déteste les gens qui n'aiment pas manger. Si j'avais un fils en âge de se marier, disait-elle, je lui apprendrais à se méfier d'une femme qui n'aime ni le fromage, ni le vin, ni les truffes*. Tous ses amis, ses différents maris ont aimé manger. Colette aime qu'on lui donne des

---

1. Tonnelle : abri de jardin sur lequel on fait pousser des plantes grimpantes.

recettes ou des aliments. Marguerite Moréno, qui vivait dans le sud-ouest de la France, lui envoyait un plat qu'elle adorait : le foie gras. Chez Colette, les sentiments et la nourriture sont toujours réunis.

L'amour de Sido, lui aussi, s'exprimait par de bonnes choses à manger. Du chocolat épais du matin au gâteau au rhum de Noël, chaque moment agréable s'accompagnait d'une gourmandise.

Quand la petite Gabrielle se promenait pendant des heures dans les bois, elle avait toujours un morceau de pain dans sa poche. Elle allumait souvent un feu sous les arbres, pour y cuire une pomme ou une poire volée dans un verger. Sur le chemin du retour, elle mangeait des fruits sauvages. Arrivée à la maison, les bras pleins de fleurs des champs, elle n'avait plus faim pour le goûter... Pourtant, ces goûters, elle en parlera encore, soixante ans plus tard. Sido lui préparait du pain chaud, de la crème, des fraises et des confitures. Parfois, elle lui servait du fromage, des haricots rouges cuits dans le vin, des châtaignes* et du lard ! L'enfant mangeait avec un bel appétit et buvait, chaque jour, un verre d'un très vieux et très bon vin... Car sa mère la trouvait un peu pâle. Et le vin rend fort, tous les Français le savent !

Colette a donc toujours bu du vin. Et du bon ! À trois ans, on lui avait fait goûter du vin doux, du muscat... À dix ans, elle suivait son père dans des réunions politiques où on lui offrait du vin rouge, chaud et bien sucré... Elle en demandait un deuxième verre, heureuse de sentir que sa tête tournait ! Adulte, elle aimera les très bons vins rouges. Dans sa maison de Saint-Tropez, elle est fière de servir à ses invités le vin de sa vigne. Mais à la fin de sa vie, elle préférera le champagne.

Le vin n'est bon qu'au cours d'un repas, accompagné de plats qui se marient avec lui. Cet art de la table,

Colette le connaît bien. Elle sait cuisiner, et aime les produits naturels et savoureux[1]. En Bretagne, à Rozven, elle a découvert le beurre salé, les charcuteries, les poissons frais pêchés et le cidre*. En Provence, à Saint-Tropez, elle fait une cuisine pleine de soleil et de couleurs : des pêches* jaunes, des figues* violettes, des tomates rouges et des poivrons* verts... Et partout, l'ail, l'huile d'olive et le pain. Il faut voir ces nombreuses photographies où on la voit coupant d'épaisses tranches de pain noir dans une énorme miche ronde. Elle y met ensuite des choses simples : du beurre frais, une tomate écrasée avec de l'ail, des anchois* avec des olives* ou du fromage blanc au poivre et aux oignons... un petit plaisir, entre deux repas, rien de plus.

Même pendant la guerre de 1939-1945, Colette réussit à ne pas maigrir ! La nourriture manque à Paris, mais elle a des amis à la campagne. Elle reçoit donc des paquets pleins de charcuterie, d'œufs, de beurre et de confitures ! Et malgré les ordres de son médecin, elle mange jusqu'à sa mort ses plats préférés. De solides plats campagnards : épaisses soupes au lard, bœuf aux carottes, cassoulets ou jambonneaux, comme celui qu'elle choisit pour le repas de son mariage avec Maurice. Et pour l'anniversaire de ses quatre-vingts ans, ses amis lui offriront deux luxueux repas !

Bien sûr, cette nourriture délicieuse mais très riche la fait grossir, et Colette a souvent eu des indigestions[2] ! Mais elle est trop gourmande pour faire attention à ce qu'elle mange. Peu de temps avant sa mort, Raymond Oliver, le célèbre cuisinier qui tient un restaurant de luxe, le Grand Véfour, lui rend souvent visite et lui apporte des petits plats bien chauds. Il vient en voisin et en ami.

---

1. Savoureux : qui a très bon goût.
2. Indigestion : mal de ventre après avoir trop mangé.

UNE VIEILLESSE DOUCE

Les années passant, Colette vivra là, entre Maurice et Pauline, de plus en plus enfermée chez elle. Sa santé est devenue mauvaise. Elle souffre de bronchites et de nombreux troubles digestifs. En 1931, elle a eu un accident : une jambe cassée. Malheureusement, il y aura des suites : Colette va avoir des douleurs dans les os. Elle a si mal aux pieds qu'elle ne peut plus porter de chaussures. Toute la fin de sa vie, elle restera nu-pieds dans des sandales [1]. Même quand elle est reçue à l'Académie* de Belgique, ce qui provoque la surprise générale !

Elle sort moins. Elle passe de longues heures sur son divan [2], près de la fenêtre. Elle l'appelle son radeau [3]. Elle y écrit sur de belles feuilles de papier bleu. Elle travaille non pas à la lumière du jour, mais les rideaux tirés, de lourds rideaux bleus, et la lampe allumée. Cette lampe dont la lumière est bleue, et qui brûle dans la nuit et le silence, Colette l'appelle son fanal [4]. Les pieds nus, une épaisse couverture sur les genoux, elle navigue sur son divan-radeau, dans tout ce bleu. C'est sa couleur préférée, celle du ciel, et celle de la mer...

La guerre va mettre fin à cette tranquillité. Au moment où la France est occupée par l'armée allemande, Colette quitte Paris pour attendre la suite des événements chez sa fille, dans le château des Jouvenel. Mais elle s'y ennuie, et au bout de quelques semaines elle rentre chez elle.

« J'ai pris l'habitude de passer mes guerres à Paris », dit-elle à ceux qui s'inquiètent pour elle. Elle s'installe donc dans la guerre, à sa manière, c'est-à-dire qu'elle organise la vie quotidienne en faisant comme si l'his-

---

1. Sandales : chaussures faites avec des fines bandes de cuir.
2. Divan : grand fauteuil à plusieurs places.
3. Radeau : bateau plat fait de morceaux de bois attachés.
4. Fanal : lumière servant à guider les bateaux, autrefois.

toire n'existait pas. Elle fait des provisions de nourriture et elle refuse de descendre dans l'abri pendant les bombardements.

Mais, pour une fois, Colette, va être obligée de s'intéresser à la politique, car Maurice est juif. Un matin de décembre 1941, un coup de sonnette les réveille : ce sont les Allemands. Maurice doit les suivre. Le temps de mettre quelques vêtements dans une valise, de s'embrasser, de dire quelques mots et il est déjà parti.

Colette se précipite chez tous ses amis, et chez les amis de ses amis. Parmi eux, beaucoup connaissent des Allemands, des gens responsables, importants. Sacha Guitry et Coco Chanel, par exemple, vont aider Colette. Deux mois plus tard, Maurice est libre. Il revient du camp de concentration [1] de Compiègne. Les autres sont partis pour Auschwitz, mais lui est là. «Il avait les joues et le front d'un blanc-vert, le bord des paupières orangé, les lèvres grises.» Colette le soigne, le cache, puis attend la fin de la guerre, inquiète à chaque coup de sonnette, et regrettant le doux temps d'avant...

Quand enfin Paris est libéré, Colette a beaucoup vieilli. Ses douleurs sont très fortes. La jambe qu'elle s'était cassée en 1931 la fait de plus en plus souffrir. Elle ne peut plus bouger, sauf dans un fauteuil roulant. Elle ne quitte plus son divan-radeau. Elle a mal, refuse les médicaments qui pourraient la calmer, accepte peu à peu de mener une vie étroite, privée de plaisirs physiques. Heureusement qu'il lui reste la gourmandise !

Les autres bonheurs, elle doit les abandonner. L'amour se transforme en simple amitié. Quand elle voit son corps dans un si triste état, elle essaie d'oublier ce qu'elle préférait dans l'amour, la chaleur des caresses.

---

1. Camp de concentration : camp de prisonniers qui doivent mourir.

Colette à la fin de sa vie, sur son divan-radeau.

Elle n'a plus d'animaux. Toute sa vie, les chats et les chiens lui ont tenu compagnie. Elle aimait les soigner, elle aimait en parler. Elle semblait les comprendre, être à l'aise dans leur monde. Mais les bêtes ont besoin d'exercice et de promenade avec leur maître. Elle ne sort plus de chez elle... à quoi bon prendre d'autres animaux ? Le chien Souci meurt, après treize ans de vie près d'elle. Puis sa chatte, celle qu'elle appelle la Chatte Dernière, meurt à son tour... Colette cache son chagrin, comme toujours. Mais elle reste plusieurs jours silencieuse. Pour la première fois de sa vie, elle n'a plus d'animal à ses côtés. Elle passe de longues heures devant le feu. Quand les flammes diminuent, elle ajoute un peu de bois, remue les braises [1]. Elle écrit : « Le feu, il faut lui gratter le ventre par en dessous. Ça lui plaît, comme à toutes les bêtes. »

Elle commence aussi à donner ses objets. Les billes de verre, les petits bijoux d'or, elle les offre aux amis. Il lui restait un souvenir de sa mère, sa dernière robe. Elle la coupe pour couvrir le livre qu'elle est en train d'écrire... sur Sido. Elle ne tient plus aux choses. Ses souvenirs sont vivants dans sa tête, chaque jour, elle les écrit. Même ses vieilles lettres d'amour, elle les brûle dans la cheminée.

Et puis, ses amis disparaissent. Tous ceux qui ont été importants dans sa vie meurent. Willy est mort en 1931, Jouvenel en 1935, Polaire en 1939, et son frère Léo en 1940. Puis c'est le tour de sa jeune amie Renée Hamon, de Missy qui se suicide, d'Hélène Picard, et enfin de Marguerite Moréno... Bien sûr, elle a encore des amis : Jean Cocteau et Jean Marais, Raymond Oliver, la chanteuse Mireille, et bien d'autres qui vivent dans le quartier et viennent souvent chez elle.

Mais il y a surtout, et toujours, Maurice et Pauline. Et parfois sa fille. Le jour de sa mort, ils sont tous les trois près d'elle. Depuis deux semaines, elle était très faible. Si faible qu'il a fallu appeler Colette de Jouvenel. Le 3 août 1954, elle meurt doucement.

Celle que l'on enterre sous les arbres du cimetière du Père-Lachaise n'est pas seulement pleurée par les siens. Elle appartient à un large public qui la connaît bien.

C'est sans doute parce qu'elle a reçu les plus grands honneurs. En 1936, Colette était entrée à l'Académie

---

1. Braises : ce qui reste d'un feu de bois presque éteint.

royale de langue et de littérature françaises de Belgique. En 1945, elle entrait à l'académie Goncourt — cette académie est très populaire en France ; elle choisit chaque année le meilleur roman publié par un jeune écrivain. Juste avant sa mort, on publie ses œuvres complètes. Tous les journaux la saluent comme le plus grand écrivain femme de son temps. Elle a droit à des funérailles nationales [1], comme Victor Hugo. Et pourtant, elle n'a pas le droit d'avoir un enterrement religieux. L'Église n'a pas oublié les scandales de Colette Willy...

Mais les centaines de personnes, surtout des femmes, qui suivent son enterrement, pleurent justement cette Colette Willy, cette femme qui a eu tant de difficultés à devenir indépendante, cette femme amoureuse de la vie sous toutes ses formes, et qui en a si merveilleusement décrit les plaisirs et les souffrances.

---

1. Funérailles nationales : enterrement organisé par l'État pour les grands personnages du pays.

Mots et expressions

Art, littérature et vie parisienne

Académicien, académicienne : membre d'une académie.

Académie, *f.* : société où se rencontrent des écrivains très célèbres.

Article, *m.* : texte écrit, assez court, publié dans un journal.

Boulevard (théâtre de), *m.* : pièces où l'on s'amuse, et qui racontent souvent des histoires de familles compliquées.

Critique, *f.* : étude d'un objet pour le juger, en dire du bien ou du mal.

Édition (maison d'), *f.* : qui choisit et fait fabriquer les livres *(éditeur)*.

Excentrique, *adjectif* : se dit d'une personne qui cherche à ne pas agir comme tout le monde.

Manuscrit, *m.* : texte écrit à la main. N'est pas encore un livre.

Milliardaire *m.* : personne très riche.

Music-hall, *m.* : spectacle où les acteurs chantent et dansent.

Panthère, *f.* : ici, surnom donné à une femme excentrique et « dangereuse », qui aime les hommes. Normalement une panthère est un gros chat dangereux qui vit en liberté dans la nature.

Pantomime, *f.* : pièce de théâtre où les acteurs s'expriment par des gestes et des mouvements silencieux.

Poésie, *f.* : texte où les mots s'organisent autrement que d'habitude, selon un rythme musical, pour exprimer des sentiments et des sensations.

Public, *m.* : ensemble des personnes qui regardent un spectacle, lisent un livre...

Publier (un livre) : le mettre en vente dans les magasins, le faire connaître au public.

SDN : Société des Nations. Organisme créé en 1920. En 1945, la SDN deviendra l'ONU (Organisation des Nations unies).

Talent (avoir du) : réussir très bien et très facilement dans une activité, avoir un don pour elle.

La nature

Abricot, *m.* : fruit d'été, de couleur jaune orangé.

Araignée, *f.* : insecte. Petit animal qui donne un sentiment désagréable.

Cerise, *f.* : petit fruit rouge.

Chien de chasse, *m.* : qui aide les hommes à poursuivre d'autres animaux pour les tuer.

Écureuil, *m.* : petit animal à longue queue qui vit dans les arbres.

Étang, *m.* : très petit lac.

Fraise, *f.* : petit fruit rouge.

Hirondelle, *f.* : oiseau qui habite parfois sous les toits. Part en hiver vers le sud et revient au printemps.

Pavot, *m.* : fleur rouge qui pousse dans les champs.

Rat, *m.* : animal détesté par les hommes. Rongeur.

Rose, *f.* : la plus belle des fleurs.

Serpent, *m.* : animal. Reptile qui peut être très dangereux.

Source, *f.* : lieu où l'eau sort de la terre.

Tortue, *f.* : reptile. Animal sans danger qui porte une carapace (sa « maison » sur son dos).

La cuisine

Ail, *m.* : plante, aromate qui donne un goût très fort. Colette en mangeait beaucoup.

Anchois, *m.* : petits poissons de la Méditerranée que l'on mange souvent au sel ou à l'huile.

Aromate, *m.* : plante ou herbe qui donne du goût.

Châtaigne, *f.* : fruit d'automne très dur que l'on doit cuire pour pouvoir le manger.

Cidre, *m.* : boisson légèrement alcoolisée que l'on fait avec des pommes.

Crème fouettée, *f.* : dessert très léger à base de lait.

Figue, *f.* : fruit du figuier ; pousse dans les régions méridionales.

Haricot, *m.* : légume. Peut être long, fin et vert, ou bien petit, dur, de couleur rouge ou blanche.

Lard, *m.* : viande de porc très grasse.

Oignon, *m.* : légume très courant. Rond, blanc à l'intérieur, il est couvert de fines peaux jaunes. L'été, on trouve de petits oignons frais, beaucoup plus doux.

Olive, *f.* : fruit d'un arbre méditerranéen, l'olivier. On en fait de l'huile.

Pêche, *f.* : fruit du pêcher.

Poivron, *m.* : légume des régions méditerranéennes. Peut être vert, jaune ou rouge.

Pot-au-feu, *m.* : plat familial. La viande de bœuf est cuite dans beaucoup d'eau avec des légumes.

Truffe, *f.* : champignon très rare qui pousse sous la terre, au pied de certains arbres. Un plat préparé avec des truffes est un plat de luxe.

Pour aller plus loin...

Les principaux titres de l'œuvre de Colette : *la Chatte,
Chéri, la Vagabonde, l'Entrave, l'Ingénue libertine,
la Maison de Claudine, Claudine à l'école, Claudine à
Paris, Claudine s'en va, Sido,* sont disponibles dans la
collection **Le Livre de Poche** (Hachette).

Imprimé en France par I.M.E. - 25110 Baume-les-Dames
Dépôt légal n° 3320-03/1993
Collection n° 04 - Édition n° 01
15/4942/7